Annette Weber

Gemeinsam lesen: 8 Tandemkrimis

Lesetexte und Arbeitsblätter für starke und schwache Leser nach Kompetenzstufen differenziert

Bildquellen

Coverfoto © Ute Gräske – Fotolia.com (#16034204)
Alle Illustrationen: Katharina Reichert-Scarborough, München
Seite 57 u. 59 Karte: U-Bahn Streckennetz Hamburg © Hamburger Hochbahn AG

Impressum

Gemeinsam lesen: 8 Tandemkrimis

Annette Weber arbeitete 25 Jahre lang als Grundschullehrerin. Seit 2002 ist sie als freie Autorin tätig, schreibt Kinder- und Jugendliteratur, entwickelt Lernmaterial für die Schule und arbeitet an Schulbüchern mit.

3. Auflage 2024

Veritaskai 3 · 21079 Hamburg
Fon (040) 32 50 83-060 · Fax (040) 32 50 83-050
info@aol-verlag.de · www.aol-verlag.de

Redaktion: Anja Ley
Layout/Satz: Satzpunkt Ursula Ewert GmbH, Bayreuth

ISBN: 978-3-403-10418-6

Engagiert unterrichten. Natürlich lernen.

Inhaltsverzeichnis

Liebe Kollegin, lieber Kollege

Die innere Differenzierung gehört zu den wichtigsten Unterrichtsprinzipien der Grundschule, um den unterschiedlichen Lernpotenzialen und Leistungsständen der Schüler gerecht zu werden. Besonders aber in den Schulen, in denen jahrgangsübergreifend unterrichtet wird oder in denen Förder- und Grundschulkinder in einer Schule für alle gefördert werden, ist die innere Differenzierung unerlässlich.

Dabei ist es für den Unterricht besonders hilfreich, wenn man einerseits an einem gemeinsamen Thema arbeiten kann, andererseits aber unterschiedlich anspruchsvolle Herangehensweisen geboten bekommt, um dieses Ziel zu erreichen.

In diesem Geschichtenheft habe ich versucht, das Unterrichtsprinzip der Binnendifferenzierung aufzugreifen. Die folgenden Krimi-Lesetexte sind in zwei unterschiedliche Schwierigkeitsstufen eingeteilt, sodass sich stärkere und schwächere Schüler beim Lesen abwechseln können. Jeder liest einen Teil des Textes und auf diese Weise erschließen sich beide gemeinsam eine Geschichte. Ist der Inhalt erst einmal bekannt, ergibt sich natürlich auch die Möglichkeit, die Rollen zu tauschen.

Zu jeder Geschichte wurden zwei Arbeitsblätter mit unterschiedlichen Schwierigkeitsstufen entwickelt, sodass das Leseverständnis auf zwei verschiedenen Niveaus gefördert wird. Ein weiteres Arbeitsblatt ist für das gemeinsame Lernen gedacht. Die Aufgabentypen sind insgesamt vielfältig, sodass die unterschiedlichen Kompetenzbereiche nicht nur des Lesens, sondern auch des Schreibens und Sprechens geschult werden.

Ich wünsche Ihnen und den Schülerinnen und Schülern viel Spaß beim gemeinsamen Lesen.

Annette Weber

Symbolerklärung für die Arbeitsaufträge:

- ○ für den schwächeren Leser
- △ für den stärkeren Leser
- △○ für das gemeinsame Lernen

Bankraub im Sommerparadies

Es war wieder einer dieser Tage, an dem nichts, aber auch gar nichts passierte. Diese Sommerferien vergingen für Leon wie Kaugummi, seit seine Mutter ihn in dieses kleine Kaff zu seiner Oma gebracht hatte. Leon wohnte eigentlich in Frankfurt am Main. Okay, das war jetzt vielleicht nicht die Stadt seiner Träume, es passierten manchmal Überfälle und Einbrüche, aber es war dafür auch nicht sooooo schrecklich langweilig.

„Leon, geh doch mal ein bisschen nach draußen!“, riet Leons Oma und schaute zu ihm ins Zimmer. „Du sitzt die ganze Zeit da und daddelst mit deinem Handy rum. Das ist doch öde.“

„Es ist öde, dass hier das Internet überhaupt nicht läuft“, seufzte Leon.

„Ein Grund mehr, bei dem Wetter nach draußen zu gehen“, erwiderte Leons Oma.

„Geh doch runter an den See. Vielleicht siehst du da eine Ringelnatter.“

Ringelnatter. Leon hatte keinen Bock auf Ringelnattern.
Er wusste gar nicht, wie die aussahen. Aber seine Oma konnte sehr nervig sein. Also nahm er die Badehose und ein Handtuch. Dann ging er los.
Der Weg durch das Dorf war kurz. Gleich hinter der Kreuzung lag der See.
Plötzlich hörte Leon Schritte hinter sich. Er drehte sich um.

Ein Mädchen kam direkt auf ihn zugelaufen.
„Hi", rief sie. Dann blieb sie neben ihm stehen.
„Hi", antwortete Leon.

Neugierig musterte Leon sie. Mit ihren Sommersprossen und dem blonden Pferdeschwanz sah sie richtig lustig aus. „Du bist doch bei Petra Sommerwelt zu Besuch, oder?", fragte das Mädchen. Leon nickte. „Das ist meine Oma", sagte er. „Ich heiße Leon." „Ich bin Dana", sagte das Mädchen. „Wir kennen hier im Dorf jeden. Ich wusste, dass du zu Besuch kommen wirst." „Oh", staunte Leon. „Wir kennen in Frankfurt noch nicht mal die Leute, die mit uns in einem Haus wohnen." Dana sah ihn mitleidig an. „Du Ärmster!", sagte sie. Gemeinsam gingen sie weiter. Leon war froh, dass das Mädchen mit ihm ging. Er fühlte sich plötzlich nicht mehr so allein. Auf einmal blieb das Mädchen vor einem Auto stehen. „Wow!", rief sie. „Jemand aus Stuttgart." Und sie zeigte auf die Autonummer des Wagens. Dann zog sie ein kleines Büchlein aus der Tasche und notierte die Autonummer.

Leon fragte: „Warum machst du das?"
„Ich freue mich darüber", erklärte Dana.
Leon lachte. „Du freust dich, wenn du mal ein anderes Kennzeichen siehst?"
Dana nickte.
„Das kommt nicht oft vor", erklärte sie.
Sie blätterte in ihrem Büchlein.
„Ich habe schon Autonummern aus München und Hamburg.
Und sogar eine aus Frankreich."
Leon lachte.
„In Frankfurt wäre dein Büchlein in einer Stunde voll", sagte er.

Bankraub im Sommerparadies

Das war endlich mal ein Ferientag, von dem Leon immer geträumt hatte. Alle Dorfkinder, die das kleine Dorf zu bieten hatte, schienen an dem Tag am See zu sein. Dana kannte sie alle. „Das ist Leon“, stellte sie ihren neuen Freund vor. „Ah, der Enkel von Petra Sommerwelt“, murmelte ein dicker Junge mit Bürstenschnitt, der Joschka hieß. Und so ein kleines dünnes Mädchen fügte hinzu: „Wir haben uns schon gewundert, wo du bleibst.“ „Ich hatte noch was anderes zu tun“, behauptete Leon und dachte an sein Handy. Meret zuckte die Schultern. „Was kann es denn Wichtigeres geben, als im See zu schwimmen?“, fragte sie. „Wir haben doch Sommerferien!“ Und zum ersten Mal dachte Leon, dass sie eigentlich recht hatte.

Von da an verbrachte Leon jede freie Minute am See.
Er schwamm mit Joschka um die Wette.
Er spielte mit Meret Mau-Mau.
Und er teilte sich mit Dana das letzte Taschengeld für ein Eis.
Es war ein wundervoller Sommer.

Als Leon mit Dana mal wieder vom Eismann zurück zum See lief, fiel beiden das Stuttgarter Auto wieder auf. Diesmal stand es vor dem kleinen Lebensmittelgeschäft. Zwei Männer saßen darin. „Was machen sie bloß hier?“, fragte Dana verwundert. Leon lachte. „Was geht uns das an“, sagte er. „Wenn wir uns über jeden Menschen Gedanken machen würden, der im Auto sitzt, hätten wir ja viel zu tun.“ „Aber warum kommt jemand aus Stuttgart hierher, um hier in diesem Dorf im Auto zu sitzen?“, wollte Dana wissen. Jetzt wurde auch Leon aufmerksam. „Neben dem Geschäft ist doch ein Bankautomat. Vielleicht haben die Männer es auf diesen Automaten abgesehen.“ Dana lachte. „Wie soll das denn gehen?“, fragte sie. „Der ist doch so abgesichert.“

Leon zog sein Handy aus der Tasche.
„Hier, guck mal! Im Moment fliegen viele Bankautomaten in die Luft."
Und er zeigte Dana ein Foto von einer Sparkasse.
Die Tür war aufgebrochen. Auf der Straße lag ein Bankautomat.
„Himmel!", rief Dana. Sie schlug die Hände vor das Gesicht.
„Lass uns zur Polizei gehen!"
„Das hat nicht viel Sinn", meinte Leon. „Wir haben keine Beweise."
Plötzlich leuchteten Danas Augen.
„Weißt du was?", flüsterte sie. „Dann werden wir die Männer beobachten."

Sie verabredeten sich für abends bei Einbruch der Dunkelheit
vor dem Lebensmittelgeschäft. Dazu mussten sie sich noch
eine Ausrede für die Erwachsenen überlegen.
Leon hatte es leicht, seine Oma zu überreden,
ihn ein paar Nächte bei Dana schlafen zu lassen.
„Wie schön, dass du eine nette Freundin gefunden hast", sagte sie.
Danas Eltern dagegen waren strenger.
„Was willst du denn bei Leons Oma?", fragten sie.
„Leon ist zu Besuch", erklärte Dana. „Der ist total nett."
„Aber nur eine Nacht", sagten sie. „Leons Oma braucht ihre Ruhe."
Eine Nacht war besser als gar nichts.
So hatten sie nur diese eine Nacht, um die Männer zu beobachten.
Hoffentlich hatten sie die Chance,
die Täter auf frischer Tat zu ertappen.

Der Abend zog sich in die Länge. Es war langweilig.
Sie hockten hinter dem Busch und warteten.
„Sie kommen nicht", murmelte Dana.
„Alles Quatsch!", meinte auch Leon. „Warum sollen sie den
Automaten überfallen? Nur weil sie aus Stuttgart kommen?"
Plötzlich hörten sie ein Auto. Es bog in ihre Straße ein.
Jetzt hielt es direkt vor dem Automaten.

Leon und Dana krochen tiefer in den Busch hinein.
Dann bog Leon die Zweige auseinander,
damit sie besser sehen konnten.
Zwei Männer gingen auf den Automaten zu.
Ein dritter blieb im Auto sitzen. Leon hielt fast die Luft an.
Danas Finger bohrten sich in seinen Arm.
Ob die Männer wirklich vorhatten, den Automaten zu sprengen?
Vielleicht wollten sie ja auch nur Geld abheben?
Aber jetzt ging einer der Männer zum Auto zurück
und holte eine Gasflasche heraus.
„Da! Guck mal!“, flüsterte Leon. „Sie machen das immer mit Gas!“
„Dann fliegt uns gleich das Ding um die Ohren!“, zischte Dana.
„Nichts wie weg!“, keuchte Leon.

Sie krochen auf allen vieren aus dem Busch.
Dann rannten sie los. An der Straßenkreuzung hielten sie an.
Leon zog sein Handy aus der Tasche. Er wählte 110.
Die Polizei meldete sich sofort.
„Kommen Sie schnell nach Kleingremberg!
Der Geldautomat wird in die Luft gesprengt!“
Weiter kam Leon nicht. Ein lauter Knall erfüllte die Luft.
„Schon unterwegs!“, rief der Polizist.

Hilflos mussten Leon und Dana mit ansehen, wie die Täter flohen.
Mit einem Affenzahn rasten die Verbrecher
in ihrem Stuttgarter Auto an ihnen vorbei.
„Oh nein!“, schrie Dana. „Sie entkommen!“
Am liebsten hätte sie sich auf die Straße gestürzt
und den Wagen aufgehalten.
Leon konnte sie gerade noch zurückziehen.
„Bist du verrückt?“, schrie er sie an.
„Was willst du denn gegen die machen?“ Dana musste schlucken.
Leon hatte recht. Sie waren wirklich machtlos.

Kurze Zeit später hörten sie den Polizeiwagen kommen.
Er hatte Blaulicht angeschaltet.
Jetzt traten Leon und Dana beide auf die Straße und winkten.
Der Polizeiwagen hielt direkt vor ihnen.

Leon und Dana beschrieben die Täter sehr genau.
Dann nannten sie noch die Autonummer.
Die Polizisten suchten sofort nach dem Auto.
Sie fanden es im Nachbarort. Es stand vor einer Kneipe.
Mit vorgehaltener Waffe stürmten die Polizisten die Kneipe.
Die drei Männer saßen an der Theke.
Sie tranken Bier und Schnaps und feierten ihren Sieg.
Die Polizisten verhafteten sie auf der Stelle.

Leon und Dana waren das Gesprächsthema im Dorf.
Jeder kannte sie nun und jeder sprach sie auf den Überfall an.
„Zwei Kinder überführen ein Gangstertrio“, schrieb die Tageszeitung
und brachte ein Foto von Leon und Dana.
„Ich hätte nie gedacht, dass Ferien auf dem Lande
so spannend sein können“, seufzte Leon.
„Wenn ich mal meine Ruhe haben will,
komme ich zu dir nach Frankfurt“, sagte Dana.
Beide lachten.

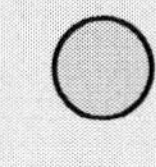

1 Welche Dinge gehören in Leons Zuhause, welche in Danas? Verbinde.

Handy | Ringelnatter | Frankfurt | Internet

Eismann | Kleingremberg | See

Dana | Leon

2 Wie geht die Geschichte weiter? Ordne die Sätze.

ein Auto – Leon und Dana – Plötzlich hörten

____

Stuttgarter – es hatte ein – Kennzeichen

____

Die Autofahrer – einen Geldautomaten – betrachteten

____

3 Was stimmt? Kreuze an, ob die Sätze richtig oder falsch sind.

Leon und Dana versteckten sich hinter einem Busch.	☐ richtig	☐ falsch
Die Männer hoben Geld ab.	☐ richtig	☐ falsch
Der Automat wurde in die Luft gesprengt.	☐ richtig	☐ falsch
Dana und Leon riefen die Polizei.	☐ richtig	☐ falsch
Die Täter konnten entkommen.	☐ richtig	☐ falsch

Daran arbeite ich heute

Ich kann Begriffe zuordnen.

Ich kann eine Geschichte anhand vorgegebener Wörter wiedergeben.

Ich kann den Inhalt einer Geschichte in Falsch und Richtig einteilen.

Bankraub im Sommerparadies

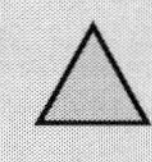

1 Welche Dinge gehören in Leons Zuhause, welche in Danas?

Leon: ____

Dana: ____

See, Handy, Ringelnatter, Frankfurt, Kleingremberg, Internet, Eismann

2 Warum steht das Auto vor dem Sparmarkt? Erzähle.

____

____

____

____

____

____

____

____

____

3 Wie geht die Geschichte zu Ende? Ordne die Sätze mit Nummern.

◯ Leon und Dana beschrieben die Täter und nannten das Autokennzeichen.

◯ Die Täter wurden kurz danach verhaftet.

◯ Dana und Leon riefen die Polizei.

◯ Leon und Dana genossen den Rest der Ferien am See.

◯ Die Polizei spürte die Täter auf und verhaftete sie.

Daran arbeite ich heute

Ich kann Begriffe zuordnen.
Ich kann eine Geschichte anhand einer Illustration wiedergeben.
Ich kann den Inhalt einer Geschichte in die richtige Reihenfolge bringen.

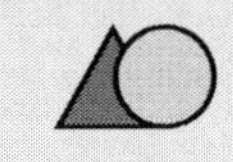

1 Lies den Artikel. Markiere Schlüsselwörter.

Überfall auf einen Geldautomaten

Am 24.8. 2015 wurde der Geldautomat in Kleingremberg gesprengt. Als die Polizei am Tatort eintraf, bot sich ihnen ein Bild der Zerstörung: Überall lagen Splitter, Scherben und verbrannte Geldscheine herum. Die Täter hatten offenbar ein Gas-Luft-Gemisch in den Automaten eingeleitet und ihn gesprengt. Die Explosion war weit über das Dorf hinaus zu hören.
Die Täter waren schnell vorgegangen und dann geflohen.
Zwei aufmerksamen Kindern gelang es aber, die Täter genau zu beschreiben. Sie hatten sich sogar das Kennzeichen notiert.
So konnten die Täter noch in derselben Nacht im Nachbarort festgesetzt werden. Sie gestanden die Tat sofort.

2 Beantworte nun folgende Fragen:

a) Wann passierte die Tat?

___

b) Welches Bild bot sich der Polizei?

___

c) Wie waren die Täter vorgegangen?

___

d) Wer konnte die Täter beschreiben?

___

e) Auf welche Weise wurden die Täter geschnappt?

___

Daran arbeite ich heute

Ich kann Schlüsselbegriffe in einem Bericht markieren.
Ich kann Fragen zum Text beantworten.

1

2 Plötzlich hörten Leon und Dana ein Auto.
Es hatte Stuttgarter Kennzeichen.
Die Autofahrer betrachteten einen Geldautomaten.

3

	richtig	falsch
Leon und Dana verstecken sich hinter einem Busch.	☒	☐
Die Männer hoben Geld ab.	☐	☒
Der Automat wurde in die Luft gesprengt.	☒	☐
Dana und Leon riefen die Polizei.	☒	☐
Die Täter konnten entkommen.	☐	☒

---

1 Leon: Handy, Frankfurt, Internet
Dana: See, Ringelnatter, Kleingremberg, Eismann

2 (freier Text darüber, dass ein Auto mit Stuttgarter Kennzeichen an einem Sparmarkt in unmittelbarer Nähe eines Geldautomaten hielt und zwei Männer die Gegend beobachteten)

3 ① Dana und Leon riefen die Polizei um Hilfe.
② Die Polizei kam sofort, aber die Täter konnten fliehen.
③ Leon und Dana beschrieben die Täter und nannten das Autokennzeichen.
④ Die Täter wurden kurz danach verhaftet.
⑤ Leon und Dana genossen den Rest der Ferien am See.

1 **Überfall auf einen Geldautomaten**
Am 24.8.2015 wurde der Geldautomat in Kleingremberg gesprengt. Als die Polizei am Tatort eintraf, bot sich ihnen ein Bild der Zerstörung: Überall lagen Splitter, Scherben und verbrannte Geldscheine herum. Die Täter hatten offenbar ein Gas-Luft-Gemisch in den Automaten eingeleitet und ihn gesprengt. Die Explosion war weit über das Dorf hinaus zu hören.
Die Täter waren schnell vorgegangen und dann geflohen. Zwei aufmerksamen Kindern gelang es aber, die Täter genau zu beschreiben. Sie hatten sich sogar das Kennzeichen notiert. So konnten die Täter noch in derselben Nacht im Nachbarort festgesetzt werden. Sie gestanden die Tat sofort.

2 a) Die Tat ereignete sich am 24.8.2015.
b) Der Polizei bot sich ein Bild der Zerstörung: Überall lagen Splitter, Scherben und verbrannte Geldscheine herum.
c) Die Täter hatten offenbar ein Gas-Luft-Gemisch in den Automaten eingeleitet und ihn gesprengt.
d) Zwei aufmerksamen Kindern gelang es aber, die Täter genau zu beschreiben. Sie hatten sich sogar das Kennzeichen notiert.
e) Die Täter konnten noch in derselben Nacht verhaftet werden.

Der Einbrecher im Schrank

„Mein Schatz, trink noch ein bisschen Tee!"
„Ja, Mama."
„Und iss doch wenigstens das Knäckebrot!"
„Ich versuche es."
Nele konnte kaum sprechen. Ihr Hals war immer noch fast zu.
Seit einer Woche hatte sie eine Grippe.
An diesem Tag ging es ihr endlich besser.

Neles Mutter musste heute wieder zur Arbeit.
Es fiel ihr schrecklich schwer, ihre kranke Tochter allein zu Hause
zu lassen. Aber sie hatte keine Wahl. Ein paar Tage Urlaub hatte
sie wegen der Krankheit ihrer Tochter bekommen.
Doch jetzt war die Zeit um, und sie musste wieder ins Büro zurückkehren.
„Ich schaffe das schon, Mama", versuchte Nele ihre Mutter zu trösten.
„Es ist doch nur bis mittags."
Doch Neles Mutter war trotzdem unglücklich darüber.

Aber für Nele war es nicht so schlimm.
Die Mutter küsste sie zum Abschied.
Dann verließ sie die Wohnung.
Nele lag ganz still im Bett. Sie starrte an die Decke.

Schließlich nahm sie ein Buch und las darin. Aber nach einer Seite fielen ihr die Augen zu. Als Nele wach wurde, ging es ihr schon besser. Sie nahm den Becher Tee und trank ihn in kleinen Schlucken. Er war jetzt nicht mehr so heiß. Dann biss sie ein Stückchen von dem Knäckebrot ab. Aber es schmeckte nicht. Langsam ließ sich Nele wieder auf das Kissen sinken und schloss die Augen. Sie fühlte sich noch immer so schlapp und schwach.

Aber was war das? Nele hörte ein Geräusch. Es kam von der Wohnungstür. Leise stand Nele auf. Sie schlich auf den Flur. Dann schaute sie zur Tür. Ein Messer schob sich durch den Türspalt. Langsam wurde die Tür geöffnet.

Vor Schreck blieb Nele fast das Herz stehen. Das war ganz sicher ein Einbrecher. In der letzten Zeit waren so viele Wohnungen in der Nachbarschaft aufgebrochen worden. Langsam öffnete sich die Tür immer weiter. Nele sah eine Hand mit einem schwarzen Handschuh. Vor Angst hätte Nele beinahe laut aufgeschrien. Schnell presste sie ihre Hand auf ihren Mund und schlich, so schnell sie konnte, in ihr Zimmer zurück.

Wohin? Wohin? Nele sah vom Bett zum Schreibtisch. Dann zum Schrank. Ja, der Schrank war ein gutes Versteck! Schnell öffnete Nele die Schranktür. Sie schob ihre Kleidung an die Seite. Dann stieg sie hinein und schloss die Tür wieder.

Im Schrank war es dunkel und muffig. Nele hatte sich zu einer Kugel zusammengerollt und lauschte nach draußen. Ihr Herz klopfte dabei so laut, dass sie Angst hatte, der Einbrecher könnte es hören.

Der Einbrecher im Schrank

Plötzlich hörte sie Schritte. Der Einbrecher war in ihrem Zimmer. Er kramte im Schreibtisch herum. Jetzt hatte er wohl ihr Sparschwein in der Hand. Das Geld klimperte.

Obwohl Nele große Angst hatte, überkam sie eine riesige Wut. Dieses Geld hatte sie so mühsam gespart! Sie hatte es für gute Noten bekommen und auch dafür, dass sie ihrer Mutter in der Küche geholfen hatte. Dass der Dieb das Geld einfach klauen wollte, war total gemein! Am liebsten wäre Nele aus dem Schrank gesprungen und hätte ihm die Meinung gesagt. Aber das traute sie sich nicht. Er hatte schließlich ein Messer!

Und jetzt ... oh nein ... kam der Einbrecher zum Schrank. Er kratzte an der Tür. Dann zog er sie auf. Immer noch hockte Nele zwischen den Kleidern. Sie konnte den Dieb genau sehen.

Er trug schwarze Sachen: eine schwarze Jeans, ein schwarzes Kapuzenshirt, schwarze Schuhe und schwarze Handschuhe. Die Kapuze hatte er so tief ins Gesicht gezogen, dass man seine Haare nicht sehen konnte. Sein Gesicht sah finster aus. Jetzt fassten seine schwarzen Handschuhe nach den Kleidern und schoben sie an die Seite.

Nele hatte keine Wahl.
„Neiiiin!“, schrie sie laut. Dann richtete sie sich auf.
Der Dieb starrte sie an. Seine Augen waren weit aufgerissen.
Er schien sehr erschrocken zu sein.
„Neiiiin!“, schrie Nele noch einmal.

Mit aller Kraft schubste sie den Dieb zur Seite. Der war so verblüfft, dass er gegen das Bett stieß. Diese Zeit nutzte Nele, um aus dem Schrank zu springen. Dann rannte sie aus dem Zimmer.

So schnell sie konnte,
fegte sie den Flur entlang, riss die Wohnungstür auf
und rannte ins Treppenhaus.

„Hilfe! Hilfe!“, schrie sie laut!
Ihre Stimme klang schrill. „Hilfe! Hilfe!“
„Nele?“ Frau Bettinger schaute aus der Nachbarwohnung.
„Was ist passiert?“
„Ein Dieb!“, schrie Nele, „in unserer Wohnung!“

Jetzt schaute auch Herr Klose, der unter ihnen wohnte,
aus seiner Wohnungstür heraus.
„Ein Dieb?“, fragte er verwundert. „Wieso ein Dieb?“
„Er ist in unserer Wohnung!“, schrie Nele.
„Ich habe im Bett gelegen, weil ich ...“
Weiter kam sie nicht. Denn in diesem Moment kam diese
schwarze Gestalt aus der Wohnung heraus.

Wieder schrie Nele. Und nun schrie auch Frau Bettinger.
Der Dieb war schnell.
Mit großen Schritten rannte er die Treppe hinunter.
„Bleiben Sie stehen!“, rief Herr Klose.
Doch der Dieb dachte nicht daran.

Mit einem Satz sprang er die letzten Stufen hinunter ins Erdgeschoss.
Dann schrie er, taumelte und rutschte ein Stück nach hinten.
Mit dem Kopf knallte er gegen das Treppengeländer.
Er schlug auf dem Boden auf und blieb dort bewegungslos liegen.
„Pech gehabt!“, raunte Herr Klose hämisch. „Ich habe heute
den Flur gewischt. Und ich nehme immer viel Schmierseife.“

Der Einbrecher im Schrank

Nele war immer noch in Panik. „Ist er tot?“, fragte sie.
Herr Klose schüttelte den Kopf.
„Der atmet noch“, meinte er. „Aber ruf schnell die Polizei!“

Nele rannte in die Wohnung zurück und wählte mit zitternden Händen die Nummer 110. Als sie ins Treppenhaus zurückkam, musste sie lachen. Herr Klose hatte den Dieb nämlich mit einer Wäscheleine am Geländer gefesselt.
„So kann er uns nicht entwischen“, sagte er.

Die Polizei kam wenige Minuten später.
„Gute Arbeit!“, lobte der Polizist.
Er legte dem Dieb Handschellen an.
Dann trugen sie ihn zum Auto.

Als der Dieb im Auto saß, kam er wieder zu sich.
Mit finsterem Gesicht starrte er Nele an.
„Dich kriege ich noch“, zischte er.
„Kommen Sie montags“, rief Herr Klose.
„Dann habe ich immer Treppenhausdienst!“

Der Einbrecher im Schrank

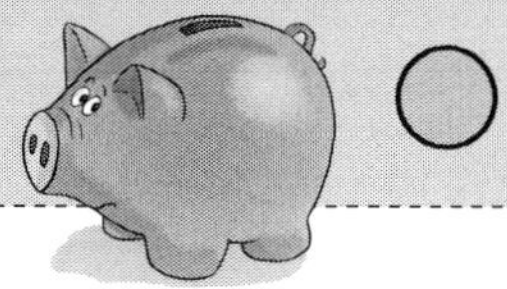

1 Welche Antworten stimmen? Markiere die richtigen Buchstaben.
Sie ergeben ein Lösungswort.

a) Warum lag Nele im Bett?
- D Sie war noch müde.
- H Sie hatte eine Grippe.

b) Wie wurde die Tür geöffnet?
- I Mit einem Messer.
- C Mit einem Schraubenzieher.

c) Welche Farbe hatte die Kleidung des Einbrechers?
- L Sie war schwarz.
- M Sie war grün.

d) Wo versteckte sich Nele?
- K Sie versteckte sich unter dem Bett.
- F Sie versteckte sich im Schrank.

e) Was klaute der Einbrecher zuerst?
- A Er klaute den Schmuck.
- E Er klaute das Sparschwein.

Lösungswort:

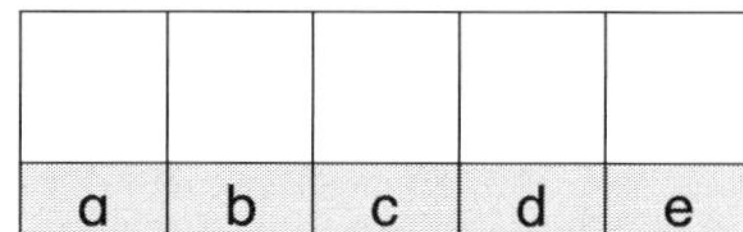

a	b	c	d	e

2 Wie ging die Geschichte zu Ende?
Verbinde die Sätze, die zusammengehören.

So schnell Nele konnte,	und schlug gegen das Geländer.
Ihre Nachbarin Frau Bettinger	mit Schmierseife gewischt.
Der Dieb lief mit großen Schritten	rannte sie aus der Wohnung.
Der Dieb rutschte aus	durch das Treppenhaus.
Herr Klose hatte den Flur	schrie laut um Hilfe.

Daran arbeite ich heute

Ich kann den Inhalt der Geschichte wiedergeben, indem ich Fragen beantworte und Sätze zusammenfüge.

Der Einbrecher im Schrank

1 Welche Sätze stimmen? Lies ganz genau! Kreise die richtigen Buchstaben ein. Sie ergeben ein Lösungswort. Markiere in den falschen Sätzen jeweils die Fehler.

a) H Nele sollte Kräckebrot essen.
M Nele sollte Knäckeboot essen.
A Nele sollte Kükenbrot essen.

b) E Nele tat der Hals besonders weh.
C Nele tat der Hals besonders weit.
D Nele tat der Hut besonders weh.

c) M Sie las ein Bauch.
S Sie las ein Buch.
O Sie las ein Busch.

d) T Durch den Torspalt schob sich ein Messer.
P Durch den Türspalt schob sich ein Messi.
S Durch den Türspalt schob sich ein Messer.

e) S Nele verdeckte sich im Schrank.
E Nele versteckte sich im Schrank.
T Nele verzockte sich im Schrank.

f) G Der Dieb kaute das Sparschwein.
R Der Dieb klaute das Sparschwein.
F Der Dieb baute das Sparbein.

Lösungswort:

a	b	c	d	e	f

2 Wie ging die Geschichte zu Ende?

Der Dieb öffnete den Schrank.

Nele ____________________

Nele rannte ins Treppenhaus.

Frau Bettinger ____________________

Der Dieb schob sich aus der Wohnung.

Herr Klose ____________________

Der Dieb rutschte im Treppenhaus aus.

Mit dem Kopf ____________________

Nele rief die Polizei.

Herr Klose ____________________

Daran arbeite ich heute

Ich kann den Inhalt der Geschichte wiedergeben, indem ich Fragen beantworte und Sätze vervollständige.

Der Einbrecher im Schrank

Schreibe ein Schleichdiktat.

1 Lest die Sätze gemeinsam. Schneidet sie aus und verteilt sie dann in der Klasse.
Geht nun zu den Orten, an denen die Zettel liegen. Merkt euch den Satz. Kehrt zu eurem Heft zurück und schreibt ihn auf.

① Nele lag krank im Bett.

② Sie war allein.

③ Plötzlich hörte sie ein Geräusch an der Tür.

④ Es war ein Einbrecher.

⑤ Schnell versteckte sich Nele im Schrank.

⑥ Der Einbrecher durchsuchte die Wohnung.

⑦ Als er den Schrank öffnete, lief Nele schreiend davon.

2 Nimm nun den Diktatsatz zu dir und vergleiche ihn mit deinem Satz im Heft. Verbessere deine Fehler. Wenn ihr zu zweit die Satzstreifen teilt, tauscht sie miteinander aus. Wenn du alle Sätze auf diese Weise bearbeitet hast, bist du fertig!

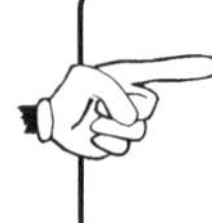

Daran arbeite ich heute
Ich kann Sätze lesen und auswendig aufschreiben.

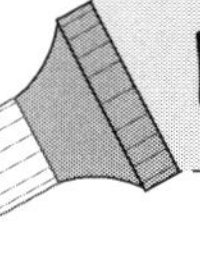

Der Einbrecher im Schrank — Lösungen

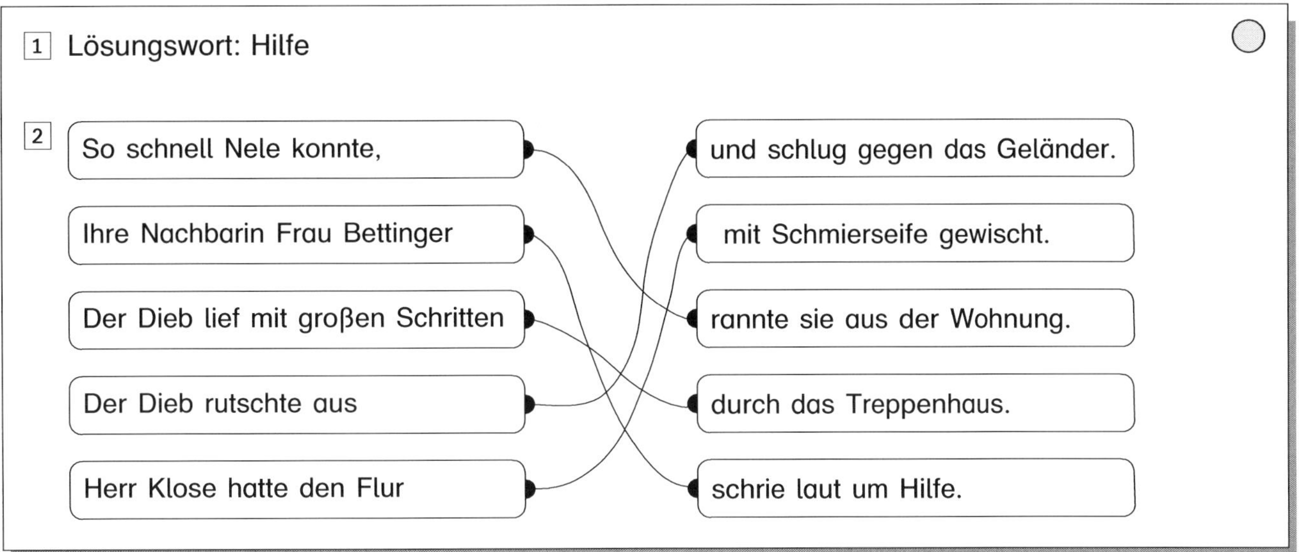

1 Lösungswort: Messer

2 (Sätze sind nur sinngemäß wiedergegeben.)

Der Dieb öffnete den Schrank. Nele sprang heraus und lief aus der Wohnung.
Nele rannte ins Treppenhaus. Frau Bettinger rief laut um Hilfe.
Der Dieb schob sich aus der Wohnung. Herr Klose versuchte, ihn zu stellen.
Der Dieb rutschte im Treppenhaus aus. Mit dem Kopf schlug er gegen das Geländer.
Nele rief die Polizei. Herr Klose fesselte den Dieb mit einer Wäscheleine.

1
① Nele lag krank im Bett.
② Sie war allein.
③ Plötzlich hörte sie ein Geräusch an der Tür.
④ Es war ein Einbrecher.
⑤ Schnell versteckte sich Nele im Schrank.
⑥ Der Einbrecher durchsuchte die Wohnung.
⑦ Als er den Schrank öffnete, lief Nele schreiend davon.

Total gemein!

Emma saß in der Hausaufgabenbetreuung immer neben Liam. Die beiden gingen in die 4. Klasse. Heute hatten sie zunächst ihre Hausaufgaben gemeinsam erledigt. Dann malte Liam noch das Bild zu Ende, das er im Religionsunterricht angefangen hatte. Emma dagegen schlug das Mathebuch der 2. Klasse auf und rechnete verschiedene Aufgaben.

„Was machst du da?“, wunderte sich Liam.
„Ach nichts“, erwiderte Emma.
Dann rechnete sie weiter.
Die Aufgaben waren einfach. Das kleine Einmaleins.
Emma schaffte das mit links.
„Wieso machst du das?“, fragte Liam noch einmal.
„Weil es mir Spaß macht“, sagte Emma.

Liam beobachtete Emma eine Weile. Sie sah nicht so aus, als wenn ihr die Aufgaben Spaß machen würden. Obwohl doch alles so leicht war und Emma eine gute Schülerin war, schaute sie beim Rechnen ängstlich drein. Als sie mit Rechnen fertig war, schlug sie das Sprachbuch vom 2. Schuljahr auf und löste einen Lückentext.

Total gemein!

Liam fand das sehr merkwürdig.
Doch dann wurde er abgelenkt. Janis und Franzi kamen.
Sie wollten mit ihm Fußball spielen.
Liam lief mit ihnen nach draußen
und Emma war schnell vergessen.

Als Emma am nächsten Tag wieder an den Hausaufgaben
für das 2. Schuljahr saß, fiel ihm das Ganze wieder ein.
„Ich verstehe das nicht“, sagte er. „Machst du die Hausaufgaben
für jemanden aus der 2. Klasse?“
„Quatsch“, erwiderte Emma. Aber weil Liam so neugierig guckte,
packte sie die Sachen wieder in ihre Tasche.
Sie wartete, bis Liam mit den Freunden draußen spielte.
Dann arbeitete sie weiter an den Aufgaben.

Emma war ganz in die Aufgaben vertieft.
Sie bemerkte Liam gar nicht.
Der stand schon eine ganze Weile neben ihr.
Plötzlich bemerkte Liam einen Brief.
„Mate S. 24 Numer 2 + 3 Schprache S. 36 Numer 1.
Schreip sauba! Sons gipts Erga“, stand darauf.

„Wer hat das geschrieben?“, wunderte sich Liam und hielt Emma
den Brief vor die Nase. Emma riss den Brief an sich.
„Das war ich“, behauptetet sie. Liam lachte laut. „Nie im Leben“, sagte er.
„Zehn Fehler in einem Satz. Das hast du nicht geschrieben.“
„Ist doch egal“, rief Emma und sah wieder so ängstlich aus.
„Das geht dich nichts an!“

Liam dachte nach. „Für wen machst du die Hausaufgaben?“, fragte er.
Emma ließ den Kopf hängen. Liam sah sich um.
Draußen auf dem Schulhof stand Meik.
Er ließ Emma nicht aus den Augen.

Total gemein!

„Hat der doofe Meik was damit zu tun?“, fragte Liam.
Emmas Augen weiteten sich. „Nein!“, rief sie ängstlich,
aber Liam sah sofort, dass sie nicht die Wahrheit sagte.
Meik war ein furchtbarer Junge.
Die meisten aus seiner Klasse hatten Angst vor ihm,
weil er mit seinen neun Jahren furchtbar groß und stark war.
Er prügelte sich bei jeder Gelegenheit.

Ob er Emma erpresste? Emma war sehr schüchtern.
Auch wenn sie schon in der 4. Klasse war.
Und sie war sehr ängstlich.
„Machst du die Hausaufgaben für Meik?“, fragte Liam.

Emma wollte etwas antworten.
Doch jetzt lief eine Träne über ihr Gesicht.
Als Liam das sah, wurde er richtig wütend.
„Erzähl mir alles!“, rief er.
Emma ließ den Kopf hängen.
„Er zwingt mich, seine Hausaufgaben zu machen“, sagte sie leise.
„Wenn nicht, will er mich verprügeln.“

„Ich fasse es nicht!“, rief Liam.
„Und du machst es dann auch noch?“
Emma nickte. „Zuerst wollte ich es nicht“, sagte sie.
„Aber er hat mich gehauen.“
Liam blieb der Mund offen stehen.
„Das macht der nicht noch mal!“, rief er.

Als Emma auf dem Heimweg war,
trat Meik plötzlich hinter einer Hauswand hervor.
„Hallo“, sagte er. „Hi“, sagte Emma.
„Ich habe heute auf dem Schulhof auf dich gewartet“,
begann Meik das Gespräch.

Emma zuckte mit den Schultern. „Tut mir leid“, sagte sie.
„Ich habe deine Hausaufgaben nicht gemacht.“

„Was?“, schrie Meik. „Wieso nicht?“
„Ich habe keine Lust mehr dazu“, sagte Emma.
Meik blieb der Mund offen stehen.
„Willst du Prügel haben?“, fragte er dann.
Emma schüttelte den Kopf.

Sie wollte weitergehen, aber Meik holte sie ein.
„Wo sind meine Hausaufgaben?“, schrie er.
In dem Moment kam Liam um die Hausecke gebogen.
Meik schaute schnell in eine andere Richtung und tat ganz unbeteiligt.
Aber Liam kam direkt auf ihn zu.

„Hallo Meik“, sagte er.
Meik antwortete nicht.
„Wartest du auf deine Hausaufgaben?“, fragte Liam weiter.
Wieder sagte Meik kein Wort.

Plötzlich kam Franzi um die andere Hausecke.
Und aus der anderen Richtung kam Jannis.
Zu dritt kreisten sie Meik nun ein.
Und jetzt traute sich auch Emma, näher zu kommen.
Meik bekam es plötzlich mit der Angst zu tun.
„Was wollt ihr von mir?“, rief er.
„Wir wollten mit dir reden“, sagte Liam.
„Aber ich nicht mit euch“, sagte Meik. Seine Stimme überschlug sich.

„Hör zu!“, sagte Franzi. „Wenn du Emma noch einmal erpresst ….“
„Tue ich doch gar nicht!“, rief Meik.
Nun zog Emma den Brief aus der Tasche.
„Und was ist das?“, fragte sie.

„Das war doch nur ein Spaß“, behauptete Meik.
„Ich wollte doch nur mal testen …“
„Und weißt du was?“, sagte Liam nun. „Jetzt testen wir mal, was du kannst. Also los, sag mal das Fünfer-Einmaleins auf.“
Jetzt musste der große Meik schlucken. Dann ließ er den Kopf hängen.
„Ich kann es nicht“, sagte er. „Ich kann gar nichts.
Und wenn ich nicht besser werde, bleibe ich noch mal sitzen.“

Liam fasste sich an den Kopf.
„Da kann dir doch Emma auch nicht helfen“, rief er.
„Du musst schon alleine lernen.“
„Aber ich schaffe das nicht“, sagte Meik leise.

Von da an lernten sie jeden Tag zu fünft.
Liam übte das Einmaleins mit Meik, Emma lernte mit ihm für das nächste Diktat, Franzi las mit ihm im Lesebuch und Janis erklärte ihm den Sachunterricht.

Es dauerte fast ein halbes Jahr.
Dann schrieb Meik zum ersten Mal in seinem Leben eine gute Klassenarbeit.

Total gemein!

1 Warum verhalten sich die Kinder so? Kreuze an oder schreibe deine eigene Meinung auf.

Warum macht Emma für Meik Hausaufgaben?

- ☐ Sie hat Angst vor Meik.
- ☐ Sie will ihm helfen.
- ☐ ______________________________

Warum erpresst Meik Emma?

- ☐ Er weiß sich keinen Rat.
- ☐ Er macht es sich bequem.
- ☐ ______________________________

Warum hilft Liam Emma?

- ☐ Er mag Emma.
- ☐ Er mag Meik nicht.
- ☐ ______________________________

2 Was hättest du getan?

____

3 Diese drei Wörter schreibt Meik falsch. Schaue im Wörterbuch nach und schreibe die Wörter richtig auf.

Mate – Schprache – Numer

____

Daran arbeite ich heute

Ich kann mich in verschiedene Personen hineindenken.
Ich kann mir eine eigene Meinung bilden.

Total gemein!

1 Versuche, die Kinder zu verstehen. Beantworte die Fragen.

Warum macht Emma für Meik Hausaufgaben?

___

Warum belügt Emma Liam?

___

Warum wird Emma von Meik erpresst?

___

Warum hilft Liam Emma?

___

Warum helfen die Kinder Meik?

___

2 Diesen Brief schreibt Meik an Emma.
Zähle die Fehler. Schreibe dann die falschen Wörter richtig auf.

> Mate S. 24 Numer 2 + 3 Schprache S. 36 Numer 1.
> Schreip sauba! Sons gipts Erga!

Meik hat ______ Fehler gemacht. So schreibt man die Wörter richtig:

___

3 Was erfährst du über Meik?

___

4 Warum helfen die Kinder ihm?

___

5 Wie hättest du dich verhalten?

___

Daran arbeite ich heute

Ich kann mich in verschiedene Personen hineindenken.
Ich kann einen Text verbessern und richtig aufschreiben.
Ich kann meine Meinung mitteilen.

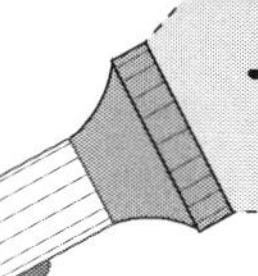

Total gemein!

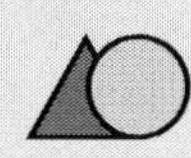

§ 253 Erpressung

(1) Wer einen Menschen rechtswidrig mit Gewalt oder durch Drohung mit einem empfindlichen Übel zu einer Handlung, Duldung oder Unterlassung nötigt und dadurch dem Vermögen des Genötigten oder eines anderen Nachteil zufügt, um sich oder einen Dritten zu Unrecht zu bereichern, wird mit Freiheitsstrafe bis zu fünf Jahren oder mit Geldstrafe bestraft.

1 Was ist eine Erpressung? Lies den Text aus dem Strafgesetzbuch.
Unterstreiche die Wörter, die du nicht kennst.
Was bedeuten folgende Wörter? Überlegt gemeinsam oder schaut im Internet oder im Lexikon nach.

rechtswidrig ______________________________

Genötigter ______________________________

Freiheitsstrafe ______________________________

2 Fülle den Lückentext mithilfe der unten stehenden Wörter aus.
Dann erfährst du die Bedeutung des Textes mit einfachen Worten.

Wer einem Menschen einen ____________ zufügt und sich selbst einen ____________ verschafft, wird mit bis zu ________ Jahren Gefängnis oder einer ____________ bestraft.

fünf – Geldstrafe – Schaden – Vorteil

Hat Meik so etwas getan? ☐ ja ☐ nein

Kann er dafür bestraft werden? ☐ ja ☐ nein

Begründe deine Entscheidung.

Daran arbeite ich heute

Ich kann einen Gesetzestext lesen und verstehen.

Ich kann Meiks Tat beurteilen.

1 Persönliche Meinungen sind anzukreuzen und zu begründen.

2 eigene Meinung

3 Mathe, Sprache, Nummer

1 (Verschiedene Antworten sind möglich.)
Sie hat Angst vor Meik.
Sie hat Angst vor Meik. / Sie will Meik schützen. / Sie will Liam schützen.
Er weiß sich keinen Rat. / Er macht es sich bequem. / Er hat Spaß daran, sie zu quälen.
Liam mag Emma. / Liam mag Gerechtigkeit.

2 Meik hat 10 (11) Fehler gemacht.
Mathe, Nummer, Sprache, Nummer, Schreib sauber, Sonst, gibt, es, Ärger

3 Er ist schlecht in der Schule. Er ist groß und stark. Er ist gewalttätig.

4 Sie haben Mitleid mit ihm. / Sie wollen ihm zeigen, dass es anders geht.

5 eigene Meinung

1 rechtswidrig – gegen das Gesetz
Genötigter – ein Mensch, dem Schaden zugefügt wurde
Freiheitsstrafe – Gefängnisstrafe

2 „Wer einem Menschen einen **Schaden** zufügt und sich selbst einen **Vorteil** verschafft, wird mit bis zu **fünf** Jahren Gefängnis oder einer **Geldstrafe** bestraft."
Hat Meik so etwas getan? ☒ ja ☐ nein
Kann er dafür bestraft werden? ☐ ja ☒ nein
Begründung: Meik ist erst neun Jahre alt, also noch ein Kind.

Taschendiebe im Kaufhaus

Tante Anna ist Marthas Patentante.
Sie ist schon ziemlich alt.
Manchmal ist sie auch ein bisschen langsam.
Aber sie ist die liebste Tante der Welt. Das jedenfalls findet Martha.
Tante Anna erfüllt Martha jeden Wunsch.
Und das ist gut so. Martha hat nämlich viele Wünsche.

Heute bummeln Martha und Tante Anna durch die Stadt.
„Martha, mein Schatz, ich würde dir so gerne mal was Schönes kaufen“,
sagt Tante Anna. Dabei hatte Martha doch gerade erst Geburtstag,
und Tante Anna hat Martha ein richtig cooles Handy geschenkt.
„Du musst mir doch nicht immer etwas schenken“, gibt sich Martha
bescheiden, aber Tante Anna winkt ab.
„Papperlapapp. Ich schenke dir gerne was“, sagt sie.

„Ich hätte gerne Sneakers“, sagt Martha leise.
„Das sind so Turnschuhe …“
„Ich weiß, was Sneakers sind“, unterbricht Tante Anna.
„Mama mag die nicht.
Sie sagt, die machen Plattfüße“, sagt Martha.
„Papperlapapp“, lacht Tante Anna.

„Welche Farbe sollen sie haben?"
„Rot", sagt Martha.

Im Kaufhaus in der Fußgängerzone gibt es eine tolle Schuhabteilung. „Guck dich schon mal in Ruhe nach Schuhen um", rät Tante Anna. „Ich muss mal kurz zur Toilette. Weißt du, wo sie ist?" „Ich glaube, in dem Restaurant", fällt Martha ein. „Da muss ich ja mit der Rolltreppe bis ganz nach oben fahren!", jammert Tante Anna. „Na ja, in der Zwischenzeit hast du bestimmt was Schönes gefunden."

Tante Anna lässt Martha allein.
Martha wandert durch die Schuhabteilung.
Es gibt Sneakers in allen Farben. Martha probiert die roten an.
Ein Regal weiter sieht sie drei junge Mädchen.
Auch sie schauen sich Schuhe an.

„Die sind ja toll, aber leider viel zu teuer", seufzt das eine Mädchen mit dem Pferdeschwanz. „Ich habe nur zwanzig Euro mit." „Ich habe eine Idee", sagt die mit den pechschwarzen Haaren. Und dann stecken die Drei ihre Köpfe zusammen. Sie tuscheln leise. Martha hört nicht weiter zu. Nur einmal kann sie die Wörter „Frauen", „Klo" und „Tasche" hören. Dann aber fällt ihr Blick auf ein paar quietschrote Sneakers und die Welt um sie herum ist vergessen.

Martha probiert die Schuhe an. Sie sitzen perfekt.
Vor dem Spiegel betrachtet sie ihre Füße.
Sie sieht einfach gut aus mit den Schuhen.
Plötzlich sind auch die Mädchen wieder da.
Sie stehen vor einem anderen Spiegel und
probieren die teuren Schuhe an.

Marthas Blick wandert wieder zum Regal. Ob sie noch mal die grünen Sneakers anziehen soll? Auch die sehen gut aus und würden

klasse zu ihrem grünen Anorak passen.
Martha schlüpft in die Schuhe und geht noch einmal zum Spiegel.
Ganz zufällig fällt ihr Blick auf ein anderes Regal mit Handtaschen.

Eine dieser Taschen kommt ihr bekannt vor. Sie ist weiß
und altmodisch. So eine Tasche hat Tante Anna heute mitgehabt.
Martha geht auf das Regal zu. Sie nimmt die Tasche in die Hand
und schaut sie genauer an. Himmel! Es ist Tante Annas Tasche.
Aber warum steht sie dort im Regal?

Martha schaut sich nach dem Mädchen um.
Sie stehen mit den teuren Schuhen an der Kasse und bezahlen.
Das Mädchen mit dem Pferdeschwanz hält ein braunes Portmonee
in der Hand. Und Martha weiß ganz genau,
dass dieses Portmonee Tante Anna gehört.

Wild kreisen die Gedanken in Marthas Kopf herum.
Warum haben die Mädchen Tante Annas Portmonee?
Jetzt sieht Martha Tante Anna kommen.
Sie fährt die Rolltreppe hinunter.
Sie winkt aufgeregt. Dann zeigt sie auf die Mädchen.

„Nichts wie weg!“, flüstert die mit dem Pferdeschwanz
den anderen Mädchen zu. „Die Alte ist im Anmarsch!“
Die Mädchen drehen sich zu Tante Anna um. Sie sehen, wie sie winkt und
etwas ruft. Schnell nehmen sie die Schuhe und wollen verschwinden.

Aber Martha ist schneller.
Mit einem Satz stürzt sie sich auf eins der Mädchen.
Sie reißt ihr die Schuhe aus der Hand.
„Hilfe, Überfall!“, schreit sie.
Die anderen Kunden schauen verblüfft.
„Hilfe!“, schreit Martha noch einmal.

Taschendiebe im Kaufhaus

Jetzt kommen Kunden zu ihr gelaufen.
Martha findet plötzlich wieder die richtigen Worte.
„Diese Mädchen haben meine Tante beklaut!“, schreit sie.
„Das ist ihr Portmonee. Und da hinten steht ihre Tasche!“
„So ein Quatsch!“, sagt das Mädchen mit dem Pferdeschwanz.
Aber die anderen Mädchen kriegen plötzlich Angst.
Sie drehen sich um und versuchen zu fliehen.

Da taucht ein Mann auf. Er ist der Abteilungsleiter.
Martha kennt ihn vom Sehen. Er hält das eine Mädchen fest.
Nun kommt noch ein anderer Mann.

Er schnappt das Mädchen mit dem Pferdeschwanz.
Der anderen gelingt es zu entkommen.

Nun ist auch Tante Anna in der Schuhabteilung angekommen.
„Ich bin beklaut worden“, ruft sie, „auf der Damentoilette!“

„Wir haben die Diebinnen schon geschnappt“, sagt der Abteilungsleiter.
„Bitte kommen Sie mit. Dann können wir die Polizei rufen.“

Was für ein aufregender Nachmittag!
Tante Anna erstattet Anzeige.
Dann werden die zwei Mädchen auf das Polizeirevier gefahren.
Tante Anna bekommt ihr Portmonee zurück.

„Die kriegen bestimmt Ärger mit ihren Eltern“, überlegt Martha.
„Das ist nicht unsere Baustelle“, erwidert Tante Anna fröhlich.
„Komm, wir gehen jetzt Eis essen“, schlägt Tante Anna vor.
„Jetzt, wo wir das Geld wiederhaben,
müssen wir es doch auch gut anlegen!“

Taschendiebe im Kaufhaus

1 In jedem Satz gibt es ein Wort zu viel. Streiche es durch.

Tante Anna geht betritt die Toilette.

Sie hängt ihre seine Handtasche an die Tür.

Plötzlich wird die Klinke Tür heruntergedrückt.

Die Tasche fällt fliegt auf den Boden.

Jetzt reißt jemand jeder an der Tasche.

Er zieht sie durch über den Spalt unter der Tür.

„Nein!“, schreit Tante Anna Hanna.

Aber da ist die der Tasche schon weg.

Schnell reißt klemmt Tanta Anna die Tür auf.

Doch der Taschendieb ist bereits verschwunden fern.

2 Welches Bild passt zu Marthas Beschreibung? Kreuze an.

☐ 

☐ 

Das Mädchen hatte rote lockige Haare und ein grünes Käppi auf. Es hatte ein rundes Gesicht und sah irgendwie frech aus. Das Mädchen trug ein rot-weiß gepunktetes Shirt und darüber eine grüne, kurze Jacke. Es hatte einen grün-weiß gestreiften Schal um.

Daran arbeite ich heute

Ich kann einen Text genau lesen und sinnlose Wörter herausstreichen.
Ich kann ein Bild zu einer Beschreibung wiederfinden.

Taschendiebe im Kaufhaus

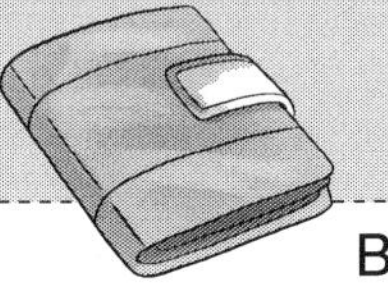

△

Blatt 1

1 Tante Anna geht zur Toilette. Sie schließt die Tür ab. Schau dir an, wie es weitergeht und wie der Diebstahl geschieht. Schreibe zu jedem Bild ein bis zwei Sätze.

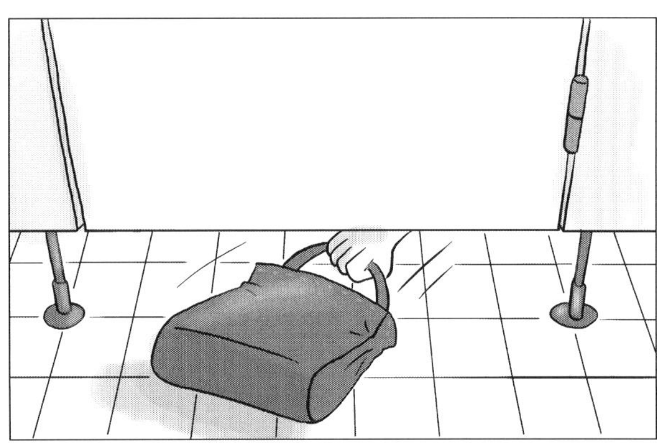

2 Formuliere die Bildergeschichte zu einem Polizeibericht um. Der Infokasten auf der nächsten Seite hilft dir dabei. Er beschreibt, worauf du bei einem Bericht achten musst.

Daran arbeite ich heute

Ich kann den Inhalt der Geschichte anhand verschiedener Bilder wiedergeben.
Ich kann eine Erzählung in einen Bericht umschreiben.

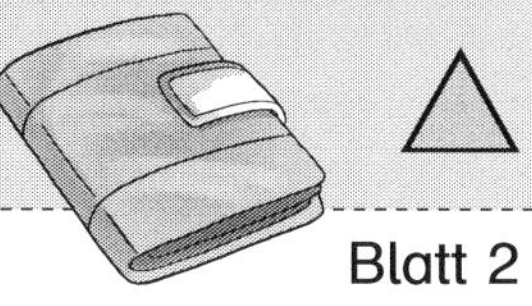

Merkmale eines Berichts

Berichte sollen informieren und keine Gefühle hervorrufen. Sie sind im Präteritum (Vergangenheit) und in einer sachlichen Sprache ohne Übertreibungen geschrieben. Deine eigene Meinung kommt im Bericht nicht vor. Beschreibe einfach, wie genau sich alles zugetragen hat.

Wenn jemand deinen Bericht liest, dann sollte er diese Fragen beantworten können:

„Wann?“
„Wo?“
„Wann?“
„Was ist passiert?“
„Wie genau?
und wenn es möglich ist „Warum?“

Die letzte Frage kannst du nur beantworten, wenn du es weißt. Hier sollst du nichts vermuten. Wie jede Geschichte hat auch der Bericht eine Einleitung, einen Hauptteil und einen Schluss.

In der **Einleitung** stehen die wichtigsten Hauptinformationen: Wer hat wann was gemacht? (ein bis zwei Sätze)

Im **Hauptteil** wird nun genauer und in Einzelheiten berichtet. Was ist genau geschehen? Wie war die zeitliche Abfolge der Ereignisse?

Der **Schluss** beschreibt, wie es ausgegangen ist oder was noch geklärt werden muss.

Polizei Musterstetten
– Stadtwache Süd –

Einsatzbericht:

Taschendiebe im Kaufhaus

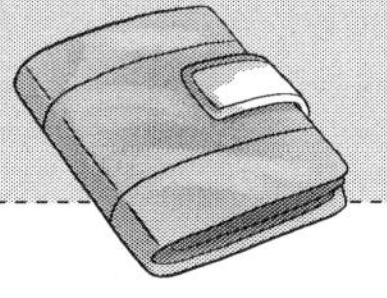

Auf der Wache beschreibt Martha die Mädchen, die entkommen sind, ganz genau.

1 Zeichne das eine Mädchen nach Marthas Beschreibung.

Das Mädchen war etwa 16 Jahre alt. Sie hatte schulterlange, schwarze, glatte Haare. Sie waren etwa in der Mitte gescheitelt.
Sie hatte ein schmales Gesicht, schmale Lippen und eine Stupsnase.
Die Augen waren braun. Sie trug eine Herzkette um den Hals und hatte eine hellblaue Felljacke an.

2 Schau dir das andere Mädchen an. Fülle dann den Lückentext aus.

Das andere Mädchen hatte ____________________
Haare und einen ________________________. Auf der
rechten Seite hatte sie eine _______________________
im Haar. Die war ____________________. Im Gesicht
hatte sie ________________________________.
Sie trug zwei dreieckige ____________________.
Das Mädchen war mit einer _______________________
bekleidet.

Daran arbeite ich heute

Ich kann ein Bild zu einer Beschreibung anfertigen und eine Beschreibung zu einem Bild vervollständigen.

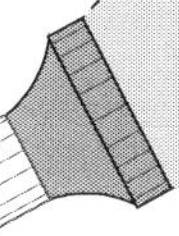

Taschendiebe im Kaufhaus — Lösungen

1 Tante Anna ~~geht~~ betritt die Toilette.
Sie hängt ihre ~~seine~~ Handtasche an die Tür.
Plötzlich wird die Klinke ~~Tür~~ heruntergedrückt.
Die Tasche fällt ~~fliegt~~ auf den Boden.
Jetzt reißt jemand ~~jeder~~ an der Tasche.
Er zieht sie durch ~~über~~ den Spalt unter der Tür.
„Nein!“, schreit Tante Anna ~~Hanna~~.
Aber da ist die ~~der~~ Tasche schon weg.
Schnell reißt ~~klemmt~~ Tanta Anna die Tür auf.
Doch der Taschendieb ist bereits verschwunden ~~fern~~.

2 ☒ 

☐ 

1 Tante Anna hängt die Handtasche an die Tür.

Jemand erscheint an der Tür und drückt die Klinke von außen herunter.
Die Tasche fällt auf den Boden.

Jemand zieht die Tasche durch den Spalt unter der Tür hervor und läuft damit davon.

Tante Anna reißt die Tür auf. Die Taschendiebe sind fort.

2 Polizeibericht: (nur als Anregung zu verstehen, Wortlaut kann variieren)

Am 24.2.16 ereignete sich gegen 15.30 Uhr im Kaufhaus … in der Innenstadt ein dreister Diebstahl. Die Kundin Anna S. besuchte die Damentoilette des Kaufhauses und hängte ihre Tasche an die Innenseite der Tür. Diesen Umstand machten sich drei Taschendiebinnen zunutze. Sie drückten die Klinke von außen herunter, sodass die Tasche auf den Boden fiel. Dann zogen sie sie durch den Spalt unter der Tür heraus und flohen damit. Die Diebinnen wurden noch am selben Tag gefasst.

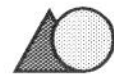

1 (ein Bild nach Vorgaben anfertigen)

2 Schau dir das andere Mädchen an. Fülle dann den Lückentext aus.

Das andere Mädchen hatte **blonde, mittellange** Haare und einen **Pferdeschwanz**. Auf der rechten Seite hatte sie eine **Spange** im Haar. Die war **gestreift**. Im Gesicht hatte sie **Sommersprossen**. Sie trug zwei dreieckige **Ohrringe**. Das Mädchen war mit einer **Kapuzenjacke** bekleidet.

Das Geheimversteck

Milan war froh, als er den alten Schuppen erreicht hatte. Es sah heute so verdammt nach Regen aus. Am Himmel waren dunkle Wolken aufgezogen. Leise grollte ein Donner durch den heißen Sommertag. Milan liebte diesen Schuppen über alles. Er gehörte seinem Onkel Rudi. Doch Onkel Rudi war seit einem halben Jahr zu seiner neuen Freundin gezogen und seitdem wurde der Schuppen nicht genutzt.

Darum gehörte er nun Milan. Hier hatte er seine Ruhe. Hier störte ihn niemand. Milans Eltern hatten sich getrennt. Die Mutter hatte wieder geheiratet. Dann hatte sie noch zwei Kinder bekommen. Seither war es zu Hause oft sehr laut.

Auch heute hatten die beiden Kleinen furchtbar geheult und sich gezankt. „Ich gucke mal nach Onkel Rudis Schuppen“, hatte Milan seiner Mutter zugerufen. Dann hatte er sich sein Rad genommen und war durch die Felder gefahren. Und nun war er hier. Milan setzte sich eine Weile draußen vor den Schuppen und starrte in den Himmel.

Der Donner war lauter geworden. Jetzt blitzte es. Dann fielen die ersten Tropfen. Milan ging in den Schuppen. Dort setzte er sich auf den alten Trecker.

Eine Weile brummte er vor sich hin. Er spielte Bauer. Das war sein Lieblingsspiel.

Plötzlich hörte er tatsächlich ein Motorengeräusch. Direkt vor dem Schuppen schien ein Auto zu halten. Türen knallten, dann kam jemand auf den Schuppen zugelaufen. Wahrscheinlich brachte sich noch jemand vor dem Gewitter in Sicherheit. „Was für ein Mistwetter!“, fluchte eine Männerstimme. „Wir sind ja schon da“, sagte eine andere. Zwei Männer betraten nun den Schuppen. Im ersten Moment überlegte Milan, sie zu begrüßen und sie zu fragen, was sie hier machten. Dann aber zögerte er.

„Ist es wirklich hier?“, fragte der eine.
„Hab ich dir doch gesagt“, sagte der andere.
„Der Schuppen gehört niemandem. Hier sind wir sicher.“
‚Wer sind die Männer? Und was machen sie hier?‘, fragte sich Milan.
Er duckte sich nun. Hinter dem Steuer war er nicht zu sehen.

Milan hörte, wie die beiden Männer direkt auf den Trecker zukamen. ‚Vielleicht wollen sie sich den Trecker ansehen‘, dachte Milan. Dann aber sah er, wie die Männer stehen blieben. Der eine bückte sich und ruckelte an einem Brett im Boden herum. „Das ist ja Wahnsinn!“, rief der andere. „Ja, da staunst du, was?“, antwortete der andere und lachte. „Da siehst du mal, was alte Leute in ihrem Safe haben.“

Milan wurde nun ganz unruhig. Was passierte hier?
Wer waren diese Männer? Und was hatten sie im Boden versteckt?
„Gehört das alles der Gräfin?“, fragte der eine Mann.
„Na klar“, sagte der andere.

Milan versuchte nun, hinter dem Sitz hervorzublinzeln. Er konnte den einen Mann erkennen. Er hatte dunkelblonde Locken

und einen mächtigen Bart. Irgendwie kam er Milan bekannt vor. Sicher sprachen die Männer von der Gräfin von Felsenstein. Milan kannte die Gräfin ein wenig. Sie wohnte in einer alten Villa hinten am Waldrand. Manchmal kam er an ihrem Haus vorbei. Oft saß sie im Garten oder schwamm durch ihren Swimmingpool.

„Woher hast du den Schmuck?“, fragte der andere nun. Der Bärtige lachte. „Ich habe ihr ein Schlafmittel in den Tee gegeben“, erzählte er. Nun lachten beide. Es war ein böses Lachen.

„Was ist jetzt?“, fragte der Bärtige. „Schaffst du es, den Schmuck zu verkaufen? Du hast versprochen, dass du ihn zu Geld machen kannst. Ich habe mal geschätzt, was er wert ist. Das sind bestimmt 20 000 Euro. Allein diese Goldbrosche …“ Weiter kam der Bärtige nicht. Milan hörte ihn plötzlich laut aufschreien.

„Was machst du?“, schrie er. Jetzt krachte es ganz schrecklich. Der Bärtige schrie wieder. Dann krachte es noch mal. Milan duckte nun ganz tief hinter das Lenkrad. Er hatte schreckliche Angst.

Er wusste, was passiert war. Der eine Mann hatte dem anderen eins über den Schädel gegeben. „Mist, verdammt! Das hast du jetzt davon!“, murmelte der Mann. Milan hörte, wie er unter dem Brett herumkramte. Wahrscheinlich nahm er den Schmuck an sich.

Hastig verließ er den Schuppen. Der Wagen wurde gestartet. Dann fuhr der Mann mit dem Schmuck davon. Nun war es ganz ruhig im Schuppen. Milan konnte seinen eigenen Atem hören.

Das Geheimversteck

Es dauerte eine Weile, bis sich Milan aus seinem Versteck traute.
Er warf einen Blick zu dem bärtigen Mann auf dem Boden.
Der bewegte sich immer noch nicht. Um seinen Kopf herum war Blut.
Milan rannte, so schnell er konnte, aus dem Schuppen.
Er sprang auf sein Fahrrad und raste durch den Regen
direkt zur Villa der Gräfin von Felsenstein.

An der Haustür der Gräfin klingelte er Sturm. Sie öffnete verwundert.
„Hallo", sagte sie freundlich. „Du bist ja ganz nass. Willst du dich unterstellen?"
Milan schnappte nach Luft.
„Schmuck!", rief er. „Die haben Ihren Schmuck.
Der eine hat ein Loch im Kopf. Der andere ist weg!"

Die Gräfin lachte. „Du guckst wohl zu viele Krimis", sagte sie.
„Komm erst mal rein. Du hast ja keine trockene Faser mehr am Körper."
Milan versuchte, sich zu konzentrieren. Er wischte sich das Wasser
aus den Haaren. Dann versuchte er es noch einmal.
Jetzt endlich verstand die Gräfin, worum es ging.

Die Gräfin öffnete ihren Safe. Dann schrie sie: „Mein Schmuck!
Es ist alles weg!"
„Sag ich doch!", rief Milan. „Zwei Männer haben ihn gestohlen.
Sie haben ihn im Schuppen versteckt."

Und dann erzählte er noch einmal ganz langsam,
was sich im Schuppen zugetragen hatte.
Er berichtete auch von dem Streit und dass der eine dort jetzt in einer
Blutlache lag und der andere mit dem Auto und dem Schmuck
wahrscheinlich längst über alle Berge war.

Jetzt begriff die Gräfin alles. Sie alarmierte die Polizei
und orderte einen Krankenwagen zum Schuppen.

Das Geheimversteck

Dann rief sie Milans Mutter an.
Milan setzte sich auf ihr Sofa. Er war total verwirrt.
Jetzt brauchte er erst einmal Ruhe.

„Ich rufe mal Johann, damit er dir einen Kakao kochen kann“,
sagte die Gräfin. „Du bist ja ganz blass.“ Milan nickte dankbar.
Ein heißer Kakao war genau das, was er jetzt brauchte.
„Johann?“, hörte er die Gräfin rufen. „Johann, wo bist du?“
Plötzlich fiel bei Milan der Groschen.

„Hat Johann einen Bart?“, fragte er.
Die Gräfin sah ihn verwundert an. Sie nickte.
„Und hat er dunkelblonde Haare?“, fragte er weiter.
Wieder nickte die Gräfin.

„Dann wird er heute nicht kommen“, erklärte Milan. „Er liegt nämlich im
Schuppen und hat eine Beule auf dem Kopf.“
Die Gräfin war nun so erschrocken, dass sie sich setzen musste.
„Meinst du, er war das?“, fragte sie. „Das kann doch nicht sein!
Wie soll er denn an meinen Safe gekommen sein?“
„Er hat Ihnen ein Schlafmittel in den Tee gemischt“, erklärte Milan.

Johann kam ins Krankenhaus. Der andere Dieb wurde auf
einer Landstraße geschnappt. Er hatte den Schmuck bei sich.
Die Gräfin bekam ihre Wertsachen zurück. Sie war überglücklich.

„Du darfst dir ein schönes Stück aussuchen“, bot sie Milan an
und hielt ihm ihr Schmuckkästchen unter die Nase.
Milan wusste nicht, was er nehmen sollte. Er verstand nicht viel
von Schmuck. Schließlich suchte er eine goldene Kette
mit einem dunkelroten Anhänger aus.
Die schenkte er seiner Mutter zum Geburtstag.

Das Geheimversteck

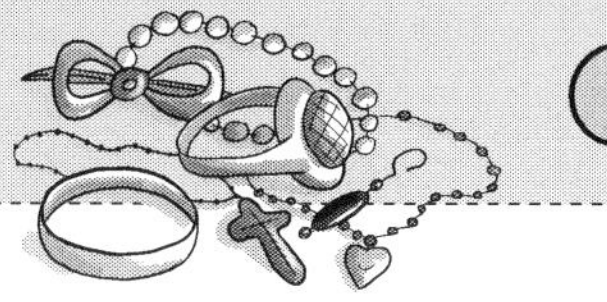

1 Schau dir das Bild an. Markiere die Sätze blau, die richtig sind.

Der Junge heißt Milan. Der Junge heißt Milo.

Er lebt mit seiner Mutter allein.
Er ist gerne im Schwimmbad.

Er hat einen Onkel, der heißt Roger.
Er spielt gerne Bauer.

Er hat zwei kleine Geschwister.
Er versteckt sich gern im Schuppen.

2 Was hat das alles zu bedeuten? Kreuze an.

Zwei Männer kamen in den Schuppen. Der eine bückte sich und ruckelte an einem Brett im Boden herum. „Ja, da siehst du mal, was alte Leute in ihrem Safe haben", sagte einer.

☐ Zwei Männer haben Schmuck gestohlen und verstecken ihn.

☐ Zwei Männer bringen ihren Schmuck vor Dieben in Sicherheit.

Der eine fragt: „Schaffst du es, den Schmuck zu verkaufen? Du hast versprochen, dass du ihn zu Geld machen kannst. Ich habe mal geschätzt, was er wert ist. Das sind bestimmt 20000 Euro."

☐ Der eine Mann will seinen Schmuck verkaufen und dafür Geld haben.

☐ Der eine Mann hat den Schmuck gestohlen, der andere will ihn weiterverkaufen.

Jetzt krachte es ganz schrecklich. Der Bärtige schrie wieder. Dann krachte es noch mal.

☐ Der eine Mann will den Schmuck für sich allein haben.

☐ Der Bärtige ist hingefallen.

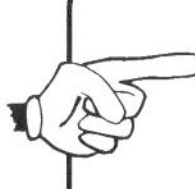

Daran arbeite ich heute

Ich kann einer Person Sätze zuordnen.
Ich kann den Sinn einer Geschichte verstehen und einordnen.

Das Geheimversteck

△

1 Schau dir das Bild an. Erzähle von dem Jungen.

Der Junge heißt ____________________.

Er wohnt mit ___________________________________

____.

Sein Lieblingsplatz ist ______________________________

____.

Hier ist er so gerne, weil ___________________________

____.

2 Die beiden Männer unterhalten sich. Schreibe in die Sprechblase, was der andere antwortet.

Gehört das alles der Gräfin?

Woher hast du den Schmuck?

3 Als Milan bei der Gräfin ankam, war er ganz verwirrt.

„Schmuck!“, rief er. „Die haben Ihren Schmuck. Der eine hat ein Loch im Kopf. Der andere ist weg“, sagte er.

Was hat das zu bedeuten?

____

____

____

____

____

Daran arbeite ich heute

Ich kann eine Informationen aus einem Text entnehmen und einen Lückentext richtig ausfüllen.

Ich kann das Gespräch zwischen zwei Personen wiedergeben.

Ich kann den Sinn einer Geschichte wiedergeben.

Das Geheimversteck

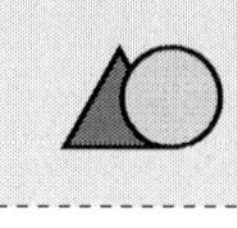

Löse das Rätsel. Trage die Wörter waagerecht ein. (Den Buchstaben „ä“ schreibst du so: „ae“) Die markierte Spalte von oben nach unten gelesen ergibt als Lösung einen Namen.

			1							
		2								
3										
	4									
		5								
			6							
	7									
		8								
		9								

1. Wo wurde der Schmuck versteckt?
2. Welche Haarfarbe hatte der eine Dieb?
3. Wo versteckte sich der Junge?
4. Was suchte der Junge im Schuppen?
5. Wie hieß der Junge in der Geschichte?
6. Wem gehörte der Schmuck?
7. Wohin ging Milan gerne?
8. Womit fuhr Milan zum Schuppen?
9. Was zuckte über den Himmel?

Lösung:

1	2	3	4	5	6	7	8	9

Daran arbeite ich heute

Ich kann ein Rätsel über den Inhalt der Geschichte lösen.

Das Geheimversteck

Lösungen

1 Der Junge heißt Milan. Der Junge heißt Milo.
Er lebt mit seiner Mutter allein. Er ist gerne im Schwimmbad.
Er hat einen Onkel, der heißt Roger. Er spielt gerne Bauer.
Er hat zwei kleine Geschwister. Er versteckt sich gern im Schuppen.

2
- [x] Männer haben Schmuck gestohlen und verstecken ihn.
- [ ] Zwei Männer bringen ihren Schmuck vor Dieben in Sicherheit.
- [ ] Der eine Mann will seinen Schmuck verkaufen und dafür Geld haben.
- [x] Der eine Mann hat den Schmuck gestohlen, der andere will ihn weiterverkaufen.
- [x] Der eine Mann will den Schmuck für sich allein haben.
- [ ] Der Bärtige ist hingefallen.

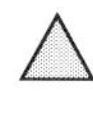

1 Der Junge heißt **Milan**. Er wohnt mit **seiner Mutter, seinem Stiefvater und zwei kleinen Geschwistern zusammen**.
Sein Lieblingsplatz ist **der Schuppen von Onkel Rudi**.
Hier ist er so gerne, weil **er seine Ruhe hat**.

2
Gehört das alles der Gräfin?
Na klar.
Woher hast du den Schmuck?
Ich habe ihr ein Schlafmittel in den Tee getan.

3 Jemand hat den Schmuck aus dem Safe der Gräfin gestohlen. Er hat das Geld einem Komplizen übergeben. Der hat ihm eins über den Schädel gegeben und ist mit dem Schmuck abgehauen.

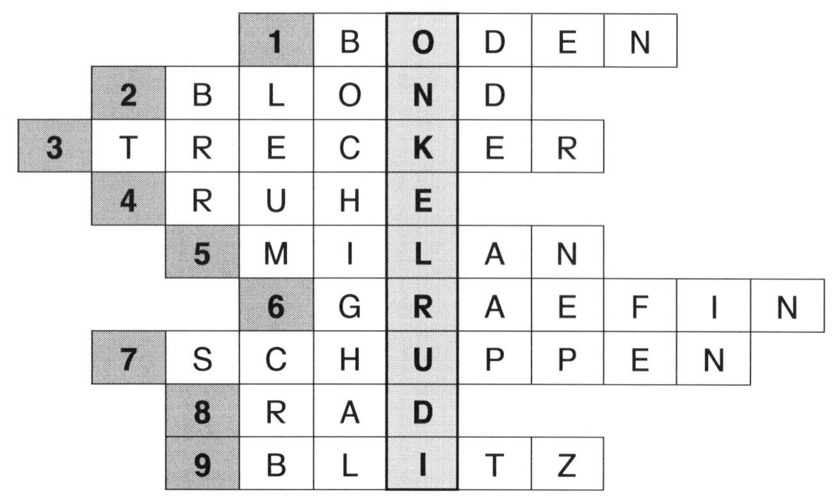

			1	B	**O**	D	E	N		
	2	B	L	O	**N**	D				
3	T	R	E	C	**K**	E	R			
	4	R	U	H	**E**					
		5	M	I	**L**	A	N			
			6	G	**R**	A	E	F	I	N
	7	S	C	H	**U**	P	P	E	N	
		8	R	A	**D**					
		9	B	L	**I**	T	Z			

Lösungswort: Onkel Rudi

Überfall in der U-Bahn

Wenn Mia mit ihrer Mutter zur Kieferorthopädin musste, stiegen sie immer in Hamburg am Berliner Tor in die U-Bahn ein, fuhren drei Stationen und stiegen am Meßberg wieder aus. Dort an dem großen neuen Shoppingcenter hatte die Ärztin ihre Praxis.

Mia fuhr gerne mit der U-Bahn. Schon am Bahnhof war es spannend.
Viele Menschen standen hier und warteten.
Mia schaute sich das Geschehen an.

Eine Gruppe von jungen Leuten stand dort am Fahrplan.
Einer hatte einen Fotoapparat um den Bauch,
ein anderer hatte einen Stadtplan von Hamburg dabei.
Zwei junge Frauen hielten Prospekte in der Hand.
Mia freute sich, dass so viele Besucher nach Hamburg kamen.
Hamburg war wirklich eine tolle Stadt.

Endlich kam die U-Bahn. Die Türen öffneten sich.
Einige Menschen stiegen aus.
Mia und ihre Mutter stiegen ein.
Die vier Touristen folgten ihnen.
Die U-Bahn war leer. Mia und ihre Mutter fanden einen Sitzplatz.
Die vier Jugendlichen blieben an der Tür stehen.

An den nächsten Stationen wurde die U-Bahn immer voller. Mia kannte das schon. Viele Menschen wollten ins Zentrum fahren. Schon an der nächsten Station waren alle Sitzplätze belegt, und die Menschen mussten sich an den Mittelstangen festhalten. Immer noch stand die Touristengruppe an der Tür. Sie hatten wohl Angst, ihre Station zu verpassen. Hin und wieder steckten sie ihre Köpfe zusammen und sprachen leise miteinander.

Noch eine Station. Dann waren sie da. Mia schaute nach draußen. Der Bahnhof war jetzt voller Menschen. Sie drängten in die U-Bahn. Plötzlich ertönte ein Schrei. Jemand stolperte. Eine der jungen Touristinnen rannte durch die U-Bahn. Der Mann mit dem Fotoapparat folgte ihr rasch. Eine große Hektik entstand.

Und plötzlich verstand Mia, was passiert war. Sie hatte schon einmal erlebt, wie eine Gruppe einen Überfall in der U-Bahn verübt hatte. Sie hatten ein riesiges Gedränge veranstaltet. Die Fahrgäste waren geschubst und bedrängt worden. Auch damals hatte jemand geschrien, ein anderer war gerannt. Und als alle wieder einen Platz gefunden hatten, hatten drei Menschen kein Portmonee mehr gehabt. Und die Täter waren längst über alle Berge gewesen.

„Mia, pass auf!“, schrie ihre Mutter jetzt. Auch sie dachte an den Überfall. Mia sah sich um. Einer der Touristen stand im Gang. Er schien sehr nervös zu sein. Plötzlich kapierte sie: Das war gar kein Tourist! Er hatte den Fotoapparat nur zur Tarnung um! Er setzte sich in Bewegung und kam auf sie zu. Gleich würde er an ihrem Platz vorbeilaufen.

Schnell streckte Mia ein Bein aus und hakte ihren Fuß direkt hinter sein Knie. Diesen Trick hatte ihr Jonas beim Fußballspielen beigebracht. Der angebliche Tourist hatte nicht damit gerechnet. Er stolperte.

Dann schrie er und fiel der Länge nach mitten auf den Gang. Die Bahn ruckelte und fuhr los, und der Mann lag platt auf dem Boden. Langsam rappelte er sich wieder auf und schüttelte sich verwundert. Jetzt sah Mia, dass ein pinkfarbenes Portmonee in seiner Jackentasche steckte.

Pink? Das war ja wohl keine Farbe für einen Mann!
Plötzlich schrie eine Frau laut auf. „Mein Portmonee ist weg! Jemand hat es gestohlen!" Ängstlich sah sich der Mann zur Frau um.
Mia nutzte den Moment.
Schnell zog sie ihm das pinkfarbene Portmonee aus der Tasche.
„Ist es pink?", fragte Mia und hielt es hoch.
„Ja!", rief die Frau.

Der Dieb schien jetzt richtig Panik zu bekommen. Er versuchte zur Tür durchzukommen, aber die Menschen hielten ihn auf. „Die Frau gehört auch dazu", rief Mia und zeigte auf die junge Frau, die bis zur Tür geflüchtet war. Nun wurden die beiden von den anderen Fahrgästen eingekreist. „Und diese beiden Leute auch!", rief Mia und zeigte auf die anderen beiden Menschen der Touristengruppe.

Die verteidigten sich sofort.
„Was willst du? Was sollen wir denn gemacht haben?", rief der eine Mann.
„Sie haben mich geschubst!", rief eine alte Frau.
„Sie haben mir in die Hosentasche gefasst", empörte sich ein Mann.
Jetzt wurden die beiden Touristen auch eingekreist.
„Na, dann wollen wir mal die Polizei rufen", sagte einer.

Als sie am Meßberg ankamen, wartete die Polizei schon auf sie. Gleich vier Beamte stiegen in den Waggon und gingen auf die vier Übeltäter zu. „Na, was haben wir denn heute Schönes erbeutet?", fragte einer

der Polizisten und durchsuchte den Mann mit dem Fotoapparat. Die junge Polizistin knöpfte sich die beiden Frauen vor. Sie stellte zwei Handys und eine Brieftasche sicher.

In der Zwischenzeit fuhr die Bahn wieder an.
„Mist“, rief Mias Mutter. „Wir mussten doch aussteigen.“
„Ist doch egal!“, rief Mia. „Hier ist es so spannend.“
Es war wirklich spannend wie ein Krimi.
Noch nie hatte Mia eine Verhaftung erlebt.

Aber sie war auch aufgeregt. Schrecklich aufgeregt sogar. Alles erschien ihr wie ein schlechter Traum. Immer noch klopfte ihr das Herz bis zum Hals. Hatte sie tatsächlich einen Dieb gestoppt? Das war verdammt leichtsinnig gewesen. Mias Mutter betrachtete ihre Tochter von der Seite. „Jetzt kriegst du doch einen Schrecken, oder?“, fragte sie. Mia nickte.

„Das ist der Schock“, erklärte die Mutter.
„Aber wenn wir dich nicht hätten, hätte ich mein ganzes Geld verloren“, rief die eine Frau. „Vielen Dank für deinen Mut!“
Mia nickte. Immer noch klopfte ihr Herz.

An der nächsten Station stiegen noch drei weitere Polizisten in die Bahn. Gemeinsam nahmen sie die Räuber fest und führten sie in Handschellen aus der Bahn. Mia und ihre Mutter schauten der Gruppe nach. Sie waren immer noch völlig aufgelöst. Hatten sie diesen Überfall wirklich erlebt?

„Oh nein! Jetzt aber raus aus der Bahn!“, rief Mias Mutter.
„Wir nehmen die nächste Bahn zurück. Und dann müssen wir rennen. Sonst kommen wir noch zu spät.“
„Renn lieber nicht“, warnte Mia. „Sonst denken die Leute, du planst einen Überfall.“
Da mussten die beiden schrecklich lachen.

Überfall in der U-Bahn

1 Verschiedene Zeugen machen unterschiedliche Aussagen. Markiere die richtigen grün.

„Die Diebe standen die ganze Zeit an der Tür."

„Das waren zwei Männer und zwei Frauen."

„Der Mann stolperte über das ausgestreckte Bein."

„Als der Mann auf dem Boden lag, fuhr die Bahn wieder an."

2 Mia wird nach dem Überfall von Zeitungsreportern befragt. Was antwortet sie?

Reporter: Wusstest du bei dem Geschrei gleich, was los war?

Mia: Ja, denn ich habe ______________________________

______________________________.

Reporter: Du hast dem Dieb ein Bein gestellt. Woher kanntest du den Trick?

Mia: Ein Freund von mir ______________________________

______________________________.

Reporter: Woher wusstest du, dass das Portmonee gestohlen war?

Mia: Die Farbe des Portmonees war Pink, und so etwas __________

______________________________.

3 Wie geht die Geschichte zu Ende? Füge die Sätze zusammen, die zusammengehören.

Die Diebe wurden	rief die Polizei.
Ein Fahrgast	von den Fahrgästen eingekreist.
An der nächsten Station	wurde festgenommen.
Die Touristengruppe	stiegen drei weitere Polizisten ein.

Daran arbeite ich heute

Ich kann mich mit dem Inhalt der Geschichte auseinandersetzen, indem ich Fragen beantworte und Textbausteine zusammenfüge.

Überfall in der U-Bahn

△

1 Mia und ihre Mutter werden als Zeugen zur Polizei gebeten.
Schreibe auf, was Mia sagt.

Ich stieg mit meiner Mutter ______________________.

Am Bahnhof fielen mir schon vier Jugendliche auf. Sie ______________________

______________________.

Im Wagen setzten meine Mutter und ich uns hin. Die Gruppe dagegen

____

Als im Zentrum viele Leute einstiegen, starteten die Jugendlichen ihren Überfall. Sie ______________________

______________________.

2 Suche den Satz aus der Geschichte heraus, der die Information enthält, und schreibe ihn auf.

Der Dieb bekam es mit der Angst zu tun. ______________________

______________________.

Die Mittäter wurden umzingelt. ______________________

______________________.

Mia hatte einen Schock. ______________________

______________________.

3 Warum verursachen die Diebe so eine Hektik?

____

4 Hast du schon mal einen Überfall oder etwas ähnlich Aufregendes erlebt? ☐ ja ☐ nein

Erzähle: ______________________

____

Daran arbeite ich heute

Ich kann eine Inhaltsangabe vervollständigen.
Ich kann Sätze im Text wiederfinden.

Überfall in der U-Bahn

1 Schau dir den U-Bahn-Plan an. Markiere die Station rot, an der Mia und ihre Mutter eingestiegen sind, grün, wo sie aussteigen wollen, und blau, wo sie tatsächlich ausgestiegen sind.

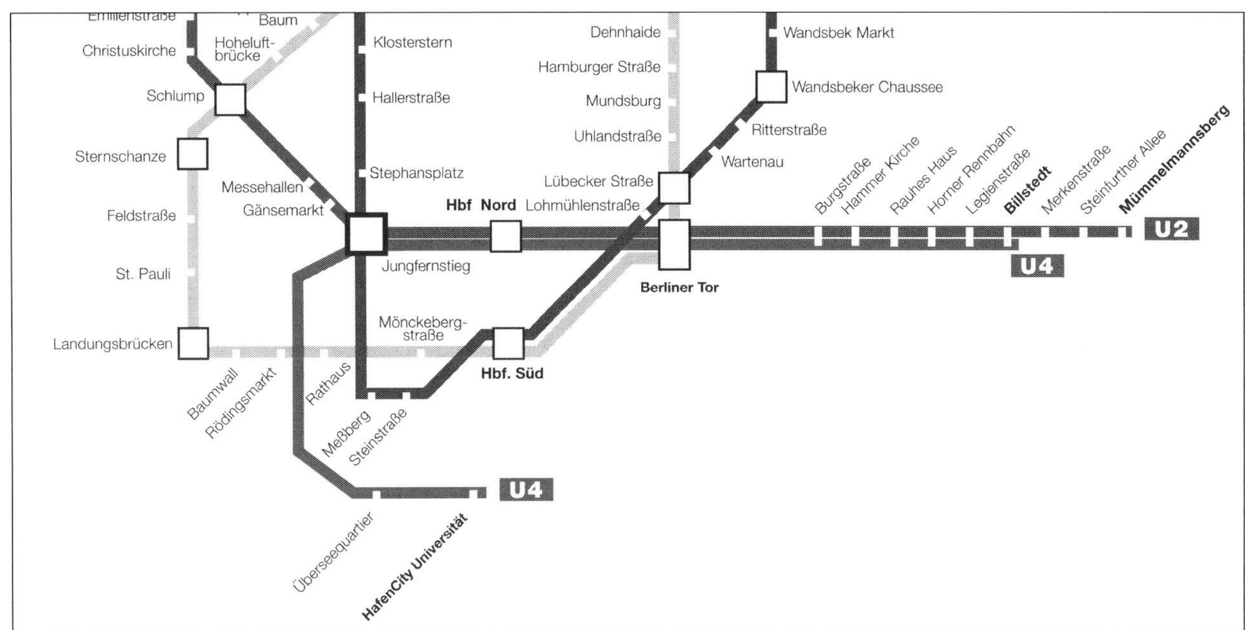

2 Beantworte folgende Fragen:

Wie viele Jugendliche planten den Überfall?

____

Wie tarnten sie sich?

____

Wie gingen sie vor?

____

3 Wie erwischte Mia die Diebe? Kreuze an.

- ☐ Sie hielt sie fest.
- ☐ Sie stellte einem der Diebe ein Bein.
- ☐ Sie fand ein pinkfarbenes Portmonee.
- ☐ Sie rief die Polizei an.

Daran arbeite ich heute

Ich kann einen U-Bahn-Plan lesen.
Ich kann Fragen zum Text beantworten.

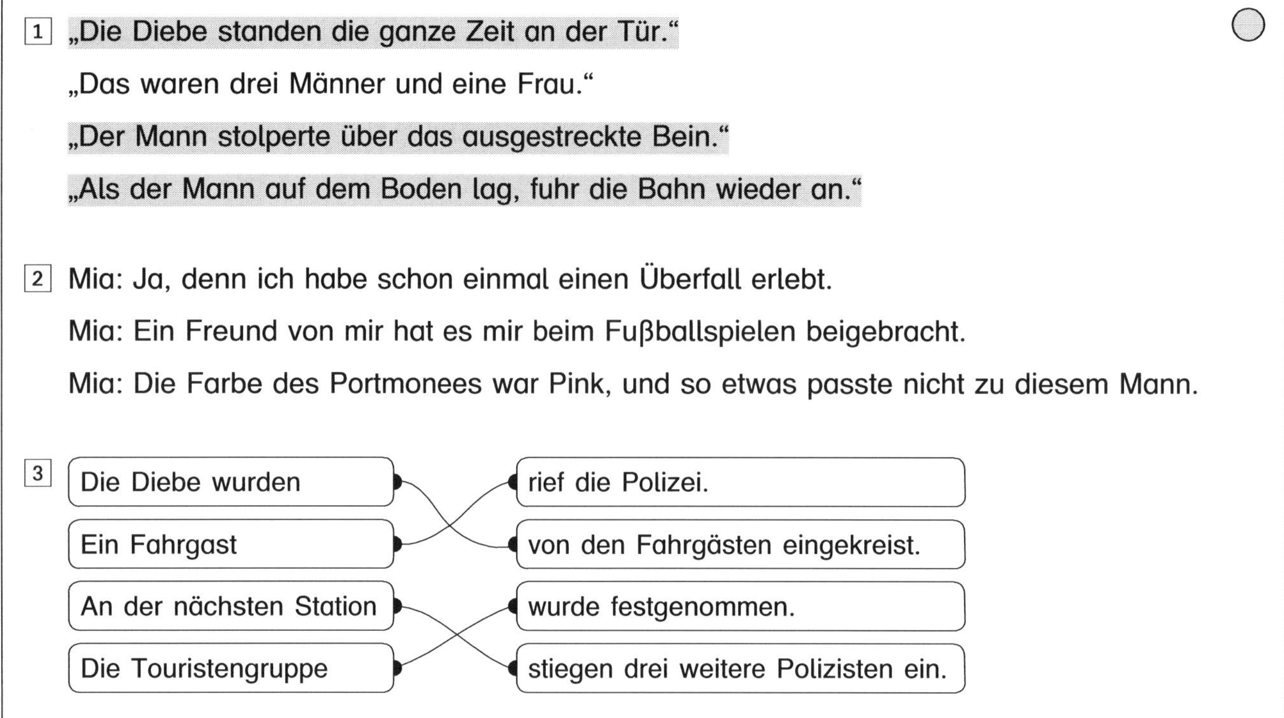

1 „Die Diebe standen die ganze Zeit an der Tür.“

„Das waren drei Männer und eine Frau.“

„Der Mann stolperte über das ausgestreckte Bein.“

„Als der Mann auf dem Boden lag, fuhr die Bahn wieder an.“

2 Mia: Ja, denn ich habe schon einmal einen Überfall erlebt.

Mia: Ein Freund von mir hat es mir beim Fußballspielen beigebracht.

Mia: Die Farbe des Portmonees war Pink, und so etwas passte nicht zu diesem Mann.

3

Die Diebe wurden	rief die Polizei.
Ein Fahrgast	von den Fahrgästen eingekreist.
An der nächsten Station	wurde festgenommen.
Die Touristengruppe	stiegen drei weitere Polizisten ein.

1 Ich stieg mit meiner Mutter **am Berliner Tor in Hamburg ein**.
Am Bahnhof fielen mir schon vier Jugendliche auf. Sie **hatten sich mit Fotoapparaten und Prospekten als Touristen getarnt**.
Im Wagen setzten meine Mutter und ich uns hin. Die Gruppe dagegen **stand weiterhin an der Tür**.
Als im Zentrum viele Leute einstiegen, starteten die Jugendlichen ihren Überfall.
Sie **rannten schreiend durch das Abteil und verursachten ein großes Durcheinander. Dabei stahlen sie einige Portmonees**.

2 Der Dieb schien jetzt richtig Panik zu bekommen.

Nun wurden die beiden von den anderen Fahrgästen eingekreist.

„Das ist der Schock“, erklärte die Mutter.

3 Sie lenkten damit die U-Bahn-Gäste ab, sodass der Dieb unbemerkt blieb.

4 persönliche Antwort

1

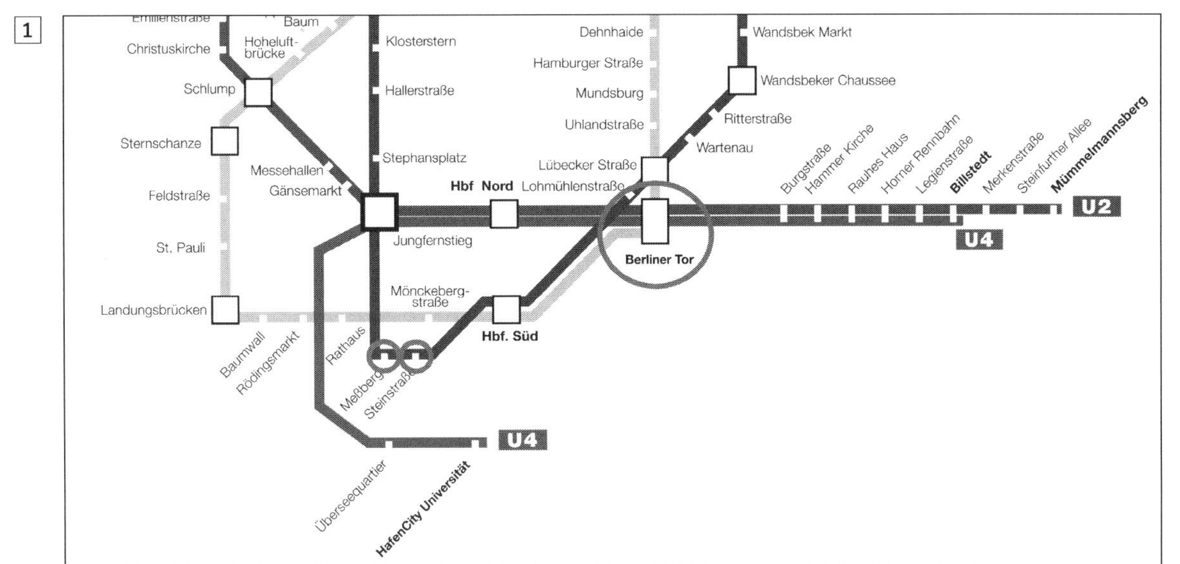

2 Vier = zwei Mädchen, zwei Jungen

Sie tarnten sich als Touristen.

Sie verursachten ein Handgemenge.

3 ☐ Sie hielt sie fest.

☒ Sie stellte einem der Diebe ein Bein.

☒ Sie fand ein pinkfarbenes Portmonee.

☐ Sie rief die Polizei an.

Das schlechte Gewissen

Heute war schon nach der 3. Stunde Schulschluss.
Frau Freitag war krank. Der Kunstunterricht fiel aus.
Emil war froh darüber. Er mochte Kunst nicht.

Vielleicht lag es daran, dass er immer seine Sachen vergaß.
Sein Zeichenblock war schon seit Wochen leer.
Der Malkasten war schmutzig, die Filzstifte ausgetrocknet.
Er besaß nur noch einen roten, einen gelben und einen blauen Buntstift
und die waren stumpf. Den Anspitzer hatte Emil verloren.

„Schade, heute ist kein Kunstunterricht“, jammerten die anderen Kinder.
Aber Emil lachte. Fröhlich ging er aus dem Schulgebäude heraus.
Doch nach Hause wollte er noch nicht. Die Eltern arbeiteten noch.
Emil war mittags immer allein.

Er beschloss darum noch auf dem Schulhof zu bleiben
und ein bisschen auf der Ritterburg herumzuklettern.
Gerade als Emil auf der obersten Sprosse angekommen war,
sah er Ron über den Schulhof kommen.
Ron war früher in seiner Schule gewesen.
Jetzt war er in der Fünften und ging schon ins Schulzentrum.

Das schlechte Gewissen

Ron winkte ihm zu.
Er kletterte zu ihm auf die Ritterburg.
„Schon frei?", fragte er.
„Kunst fällt aus", sagte Emil.
Die beiden setzten sich auf die Hängebrücke.
Dann schauten sie zur Turnhalle hinüber.

Frau Berg ging gerade mit der 3. Klasse zum Sportunterricht.
Die Kinder hatten gute Laune und redeten fröhlich durcheinander.
Ron und Emil schauten ihnen nach,
wie sie in das Gebäude verschwanden.
„Komm! Wir belauschen sie mal!", meinte Ron.

Das war eine lustige Idee.
Ron und Emil liefen jetzt zur Sporthalle.
Hinter dem Fenster versteckten sie sich.
Hier war der Umkleideraum der Mädchen.

Die Mädchen waren echt ein Schnatterhaufen. Sie redeten so viel.
Emil konnte kaum etwas verstehen.
„Gisa, du kannst die Kette nicht im Sportunterricht tragen!",
rief Frau Berg nun. „Die geht kaputt. Versteck sie in deiner Tasche
oder gib sie mir für den Safe."
„Oh Mann! Kann ich sie nicht umlassen? Sie ist mein Glücksbringer.
Ich habe sie von meiner Oma zur Kommunion gekriegt."
„Nein, pack sie weg!", sagte Frau Berg energisch.

Emil und Ron hörten Gisa jammern. Emil grinste.
Er kannte Gisa. Sie war immer ein bisschen zickig.
„Oh Mann!", sagte sie jetzt noch einmal.

Das schlechte Gewissen

Emil und Ron stellten sich auf die Zehenspitzen und lugten durch das Fenster. Beide konnten sehen, wie Gisa die Kette in ihrem Federmäppchen versteckte. Das Federmäppchen verstaute sie in den vorderen Teil ihrer Schultasche. Dann lief sie mit den anderen in die Turnhalle.

Auch in der Jungenumkleide wurde es ruhig. Der Unterricht begann. „Komm mit“, zischte Ron. Dann zog er Emil mit sich.

Die beiden schlichen in den Umkleideraum der Mädchen. Niemand war mehr zu sehen. Aus der Sporthalle hörten die beiden Jungen fröhliches Kinderlachen. Hin und wieder wurde ein Ball geprellt. Wahrscheinlich spielten sie Völkerball.

Ron ging jetzt zu Gisas Schultasche. Er machte sie auf. Dann zog er das Mäppchen heraus. „Was hast du vor?“, flüsterte Emil. „Ich will mir die Kette angucken“, antwortete Ron.

Das war spannend, fand Emil. Er wollte auch sehen, wie die Kette aussah, die Gisa von ihrer Oma geschenkt bekommen hatte. Da hielt Ron sie auch schon in der Hand. Es war eine kleine goldene Kette mit einem Herzchen.

„Die ist aber schön“, flüsterte Emil. Ron nickte. Dann steckte er sie in seine Tasche. „Was machst du da?“, rief Emil erschrocken. Ron antwortete nicht.

Das schlechte Gewissen

Er verschloss das Mäppchen wieder
und steckte es in die Schultasche zurück.
„Nichts wie weg!“, flüsterte er Emil zu und flitzte aus dem Umkleideraum.
Emil blieb nichts anderes übrig, als ihm zu folgen.

Danach hatte Ron gute Laune.
Emil aber fühlte sich schrecklich.
Immerzu musste er an Gisa denken.
Sie würde bestimmt sehr traurig sein.

Ron und Emil spielten noch ein bisschen auf dem Schulhof.
Sie rutschten auf der hohen Rutsche,
kletterten auf die Burg und machten einen Handstand-Überschlag
an den Reckstangen.

Vom Turnen wurde es Ron zu warm.
Er zog seinen Anorak aus.
Dann hängte er ihn an der Reckstange auf.
Das war Emils Chance.
Leise schlich er zum Anorak.

Als Ron an den Ringen schaukelte,
griff Emil in die Tasche des Anoraks und suchte nach dem Kettchen.
Es war hinter ein Papiertaschentuch gerutscht.
Er nahm es in die Hand und versteckte es in seiner Faust.
„Ich gehe jetzt nach Hause“, sagte er.

Am nächsten Tag wartete Emil auf Gisa.
Sie kam über den Schulhof.
Ihr roter Anorak leuchtete in der Sonne.
Sie sah traurig aus.
Er traute sich nicht, sie anzusprechen.

Das schlechte Gewissen

Als Emil in seinem Klassenraum saß,
konnte er kaum einen klaren Gedanken fassen.
Er musste immer wieder an Gisa denken.
„Die Hausaufgaben bitte rausholen!“, sagte Herr Kern.
„Wer liest die Aufgaben mal vor?“

Emil meldete sich. „Emil!“, sagte Herr Kern erfreut.
Aber Emil wollte keine Hausaufgaben vorlesen.
„Kann ich mal aufs Klo?“, fragte er.
„Aber beeil dich“, antwortete Herr Kern.

Emil spürte das Kettchen in seiner Hosentasche.
Schnell stand er auf und rannte zur Tür.
Er lief die Treppe hinunter, dann über den Flur
zu den 3. Klassen hinüber.
Dort, an einem Haken des Klassenraumes der 3 c,
hing Gisas roter Anorak.

Leise schlich Emil dorthin. Vorsichtig schaute er sich um.
Es war niemand zu sehen.
Schnell fasste Emil in seine Hosentasche.
Dann steckte er Gisa das goldene Kettchen in die Jackentasche.

Als Emil in der großen Pause auf der Ritterburg saß,
sah er Gisa mit ihren Freundinnen über den Schulhof gehen.
Sie sah jetzt irgendwie richtig glücklich aus.

Das schlechte Gewissen

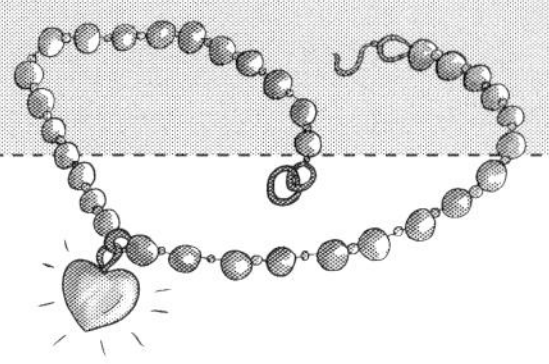

1 Versuche, Emil zu verstehen.
Kreuze die Antworten an, die deiner Meinung nach zutreffen.

Emil mag das Fach Kunst nicht gerne, weil

☐ er nicht gut malen kann.
☐ er nie seine Sachen dabeihat.

Emil hat keine Kunstsachen dabei, weil

☐ er kein Geld dafür hat.
☐ sich keiner zu Hause darum kümmert.

Emil mag noch nicht nach Hause gehen, weil

☐ er so gerne auf dem Schulhof spielt.
☐ niemand zu Hause ist.

Emil folgt Ron in die Turnhalle, weil

☐ er neugierig ist.
☐ er alles tut, was Ron sagt.

Emil nimmt Ron das Kettchen weg, weil

☐ er nicht will, dass Gisa traurig ist.
☐ er kein Dieb sein will.

2 Versuche, Ron zu verstehen.
Warum nimmt Ron Gisa das Kettchen weg?

☐ Er mag Gisa nicht.
☐ Er glaubt, dass das Kettchen etwas wert ist.
☐ Er ist neidisch, weil Gisa etwas Schönes hat.
☐ ______________________________

Sprich mit einem Partner darüber und begründe deine Meinung.

Daran arbeite ich heute

Ich kann mich in Emils Lage hineinversetzen.
Ich kann nachvollziehen, warum jemand stiehlt.

Das schlechte Gewissen

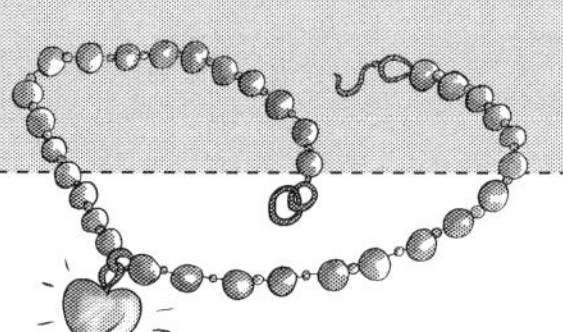

1 Versuche, Emil zu verstehen.

Emil mag das Fach Kunst nicht gerne, weil

____.

Emil hat keine Kunstsachen dabei, weil

____.

Emil mag noch nicht nach Hause gehen, weil

____.

Emil folgt Ron in die Turnhalle, weil

____.

Emil nimmt Ron das Kettchen weg, weil

____.

Warum stehlen Kinder?
Zwischen dem 7. und 8. Lebensjahr entwickelt ein Kind das Bewusstsein für fremden oder eigenen Besitz. Wenn sich ein älteres Kind also etwas aneignet, was ihm nicht gehört, spricht man vom Stehlen.
Dass Kinder stehlen, kann verschiedene Ursachen haben.

- Es hat den krankhaften Wunsch, etwas zu besitzen
- Es hat wenig Liebe bekommen und sucht einen Ersatz.
- Es will die Anerkennung einer Gruppe bekommen.
- Es rächt sich an jemandem.
- Es ist in großer Not.

2 Versuche, Ron zu verstehen.
Warum stiehlt Ron die Kette? Hast du eine Vermutung? Unterstreiche den Satz, der für dich am ehesten auf Ron zutrifft, und schreibe ihn heraus.

Ich denke, Ron klaut die Kette, weil ______________________________

____.

Sprich mit einem Partner darüber und begründe deine Vermutung.

Daran arbeite ich heute

Ich kann mich in andere Menschen hineinversetzen.
Ich kann nachvollziehen, warum jemand stiehlt.

Das schlechte Gewissen

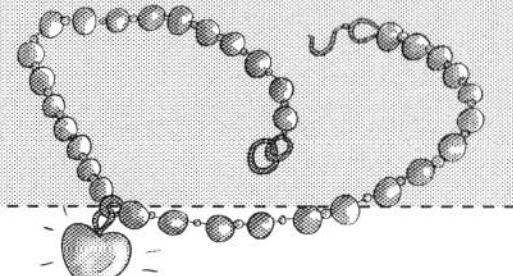

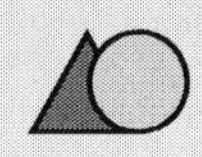

Manchmal hat man beim Lesen einer Geschichte Bilder im Kopf.
Lasst eurer Fantasie freien Lauf.

1 Malt, wie ihr euch Emil vorstellt.

2 Denkt euch zu Emil eine Lebensgeschichte aus.

Emil wohnt ______________________________.

Zu seiner Familie gehören ______________________________.

Emils Hobby ist ______________________________.

Besonders gerne trifft sich Emil mit ______________________________.

Welche Eigenschaften würdet ihr Emil zuordnen? Kreist sie ein.

lustig freundlich streitsüchtig wütend sportlich einfühlsam gemein

3 Findet noch drei weitere Eigenschaften, die zu Emil passen.

____

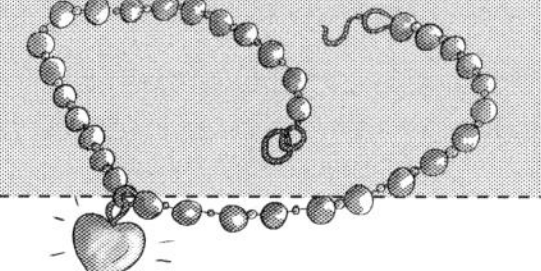

4 Malt Ron und seine Familie

Welche Eigenschaften würdet ihr Ron zuordnen? Kreist sie ein.

lustig freundlich streitsüchtig wütend sportlich einfühlsam gemein

Wie findet ihr Ron? Begründet eure Meinung.

Ich finde Ron ______________, weil ______________________________.

Daran arbeite ich heute

Ich kann mich in Personen so hineindenken, dass ich sie mir vorstellen kann. Ich kann diesen Personen Eigenschaften zuordnen.

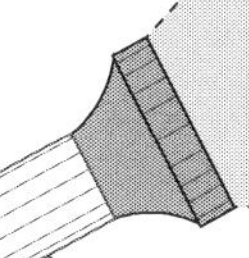

1 Emil mag das Fach Kunst nicht gerne, weil

- [ ] er nicht gut malen kann.
- [x] er nie seine Sachen dabei hat.

Emil hat keine Kunstsachen dabei, weil

- [ ] er kein Geld dafür hat.
- [x] sich keiner zu Hause darum kümmert.

Emil mag noch nicht nach Hause gehen, weil

- [ ] er so gerne auf dem Schulhof spielt.
- [x] niemand zu Hause ist.

Emil folgt Ron in die Turnhalle, weil

- [x] er neugierig ist.
- [ ] er alles tut, was Ron sagt.

Emil nimmt Ron das Kettchen weg, weil

- [x] er nicht will, dass Gisa traurig ist.
- [ ] er kein Dieb sein will.

2

- [ ] Er mag Gisa nicht.
- [ ] Er glaubt, dass das Kettchen etwas wert ist.
- [x] Er ist neidisch, weil Gisa etwas Schönes hat.

---

1 (Diese Antworten sind nur als Anregung zu verstehen, es sind immer individuelle Meinungen gefragt.)

Emil mag das Fach Kunst nicht gerne, weil er nie seine Sachen dabeihat.

Emil hat keine Kunstsachen dabei, weil sich zu Hause keiner darum kümmert.

Emil mag noch nicht nach Hause gehen, weil seine Eltern noch arbeiten.

Emil folgt Ron in die Turnhalle, weil er neugierig ist.

Emil nimmt Ron das Kettchen weg, weil er nicht will, dass sie traurig ist.

2 Meiner Meinung nach klaut Ron die Kette, weil er wenig Liebe bekommen hat und darum Ersatz sucht.

Individuelle Lösungen, alles ist möglich.

Einbruch im Handyladen

„Guck mal, Charlotte! Die haben das neue Siri-Phone A 626!“
Linus drückte sich am Handyladen die Nase platt. Seine Schwester seufzte.
Sie interessierte sich nicht die Bohne für Handys.
Sie hatte einen Uraltknochen und den trug sie nie bei sich.
Immer wenn Linus mal was mit ihr absprechen wollte,
ging die Mailbox dran.

„Langweilig“, stöhnte sie. „Du immer mit deinem blöden Handy.
Du hast doch ein neues.“
„Aber noch nicht so neu!“, rief Linus.
Wieder schaute er ins Schaufenster.
„Kommst du mal mit?“, fragte er schließlich.
„Ich will mir das mal ganz nah angucken.“
„Keine Lust“, stöhnte Charlotte und gähnte leise.

„Dann geh ich allein. Ganz kurz nur, okay?“, drängte Linus.
„Na gut“, gab Charlotte nach. „Aber nur fünf Minuten.
Ich geh’ in der Zeit rüber zum Klamottenladen.“
Erleichtert betrat Linus den Handyladen.
Er ging sofort zum Siri-Phone A 626 hinüber und strich zärtlich über
das Display. 350,– € sollte das Handy kosten.

Einbruch im Handyladen

Das war leider ziemlich viel Kohle für so ein kleines Handy. Aber vielleicht sollte er seiner Oma mal wieder beim Einkaufen helfen. Die war dann immer sehr großzügig.

„Kann ich dir helfen?“, fragte der Verkäufer.
„Nein, danke“, sagte Linus. „Ich komme schon allein klar.“
Dann schaute er wieder auf das Handy.
„Wir schließen in zehn Minuten“, sagte der Verkäufer.
„Kein Problem“, erwiderte Linus.

Er war so vertieft, dass er gar nicht merkte, wie zwei junge Männer den Laden betraten. Sie hatten beide einen Rucksack dabei und eine schwarze Maske auf. „Überfall!“, schrie einer und fuchtelte mit einer Pistole in der Luft herum. „Alle auf den Boden legen!“ Erschrocken fuhr Linus herum und bemerkte zu seinem Entsetzen, dass sich die Frau neben ihm auf der Stelle auf den Boden legte. Auch die andere Kundin und der Verkäufer warfen sich auf den Boden. Reflexartig duckte er sich blitzschnell hinter das Regal, an dem er stand.

„Hände hinter den Kopf!“, schrie der eine Maskierte.
Der andere schloss den Laden ab.
Dann hängte er ein Schild vor die Tür.
Linus hockte regungslos hinter dem Regal.
Die Männer hatten ihn nicht bemerkt.
Jetzt machte er sich ganz klein.
Er schlang die Arme um seine zitternden Knie.

In seinem Kopf fuhren die Gedanken Achterbahn. Wie konnte er Hilfe holen? Sein Handy fiel ihm ein. Ob es ihm wohl gelang, die Polizei anzurufen? Nein, das war zu auffällig. Dann würde er bestimmt bemerkt. Oder war es möglich, der Polizei eine Textnachricht zu schreiben?

Seine Mutter fiel ihm ein. Die war heute zu Hause.
Und meist hatte sie auch ihr Handy dabei.
Aber auch das war viel zu gefährlich.
Wenn er dabei erwischt würde ...

„Du! Steh auf!“, hörte Linus nun eine Stimme.
Sein Blut gefror fast zu Eis.
Ängstlich lugte er zwischen den Regalbrettern hervor.
Doch er sah, dass der Maskierte gar nicht ihn meinte.
Der Gangster hatte seine Waffe auf den Verkäufer gerichtet.

„Steh auf! Geld her! Schnell!“
Der Verkäufer stand sofort auf.
Er war weiß wie die Wand.
„Das ... das ist im Tresor“, flüsterte er.
„Mach ihn auf! Los!“, zischte der Maskierte.

Der Verkäufer lief in den Nachbarraum.
Der eine Gangster folgte ihm,
während der andere weiterhin die Kunden bewachte.
Plötzlich sah Linus seine Schwester auf den Handyladen zukommen.
Sein Herz schlug bis zum Hals.
Hoffentlich lief sie nicht in die Falle.

Charlotte blieb jetzt vor dem Handyladen stehen.
Dann ging sie langsam weiter.
Linus sah, wie sie ihr Handy aus der Tasche zog.
Ihre Finger flogen über das Display.
Vielleicht hat sie was bemerkt, dachte er.
Vielleicht ruft sie die Polizei.

Nach einigen Minuten kam der eine Gangster zurück.
Er hatte seinen Rucksack auf den Rücken geworfen.
„Ich habe die Kohle!“, schrie er seinem Kumpel zu. „Nichts wie weg!“
Die beiden rannten zur Tür.
Dort drehte sich der Typ mit der Waffe noch mal um.
„Keine Polizei!“, brüllte er. Dann gab er dem Verkäufer einen Schubs.
„Und du, leg dich wieder auf den Boden!“, zischte er.

Der Verkäufer gehorchte.
Die beiden Männer schlossen nun den Laden auf.
Dann rannten sie mit der Beute davon.
Jetzt traute sich Linus aus seinem Versteck.
„Ich glaube, meine Schwester hat die Polizei gerufen“, sagte er.
„Sie kommt bestimmt gleich.“

Im selben Moment ertönten von verschiedenen Seiten Polizeisirenen.
Linus sah, wie die Männer sich gehetzt umsahen.
Dann zeigte einer auf den Laden.
Wahrscheinlich planten sie, sich hier zu verschanzen.

Schnell sprang Linus aus seinem Versteck.
Er rannte zur Tür und schloss sie ab.
Wütend schlugen die Männer gegen das Glas.

Hinter ihnen tauchten einige Polizisten auf.
Sie gingen hinter einem Auto in Deckung, schrien dann etwas,
das Linus nicht verstehen konnte.
Linus sah, wie die Männer sich nach einer Fluchtmöglichkeit umsahen.
Aber sie hatten keine Chance.

Einbruch im Handyladen

Von allen Seiten kamen nun Polizisten.
Sie kreisten die beiden Männer ein.
Dann wurden den Männern die Arme auf den Rücken gelegt.
Handschellen klickten. Schließlich wurden sie abgeführt.

Die Polizisten kamen nun auf den Handyladen zu.
Auf der Stelle schloss Linus die Ladentür auf.
„Wo ist meine Schwester?“, rief er den Polizisten zu.
Die lachten vergnügt. „Die steht da draußen und wartet auf dich!“,
sagten sie. „Euch beiden haben wir verdammt viel zu verdanken!“

Eine Viertelstunde später kam auch Linus' Mutter.
Sie war ganz aufgeregt.
„Keine Panik, Mama“, sagte Charlotte. „Linus und ich waren
ein gutes Team.“
„Ja, wirklich! Ihr habt euch eine Belohnung verdient“,
sagte der Handyverkäufer.
„Oh, ich habe tatsächlich einen Wunsch“, murmelte Linus.

Einbruch im Handyladen

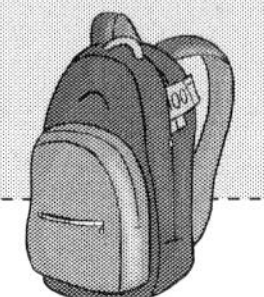

Blatt 1

1 a) Schau dir die vier Bilder an. Nummeriere sie in der richtigen Reihenfolge.

b) Schreibe jeweils einen der hier aufgeführten Sätze unter das passende Bild.

Die Männer fliehen mit viel Geld aus dem Laden.
Plötzlich stürmen zwei maskierte Männer mit einer Waffe in den Handyladen. Linus versteckt sich heimlich hinter einem Regal.
Linus bestaunt das neue Handy.

Einbruch im Handyladen

Blatt 2

2 Wie geht die Geschichte weiter? Vervollständige die Sätze.

Plötzlich ertönten von allen Seiten ______________________________

____.

Verzweifelt versuchten die maskierten Männer ______________________________

____.

Aber Linus lief zur Tür ______________________________

____.

Zum Schluss wurden die Männer ______________________________

____.

3 Zuletzt darf sich Linus etwas wünschen. Was wählt er?

____

____

Was hättest du dir gewünscht?

____

Daran arbeite ich heute

Ich kann eine Geschichte mithilfe von Bildern und Sätzen in die richtige Reihenfolge bringen.

Einbruch im Handyladen

Blatt 1

1 a) Schau dir die vier Bilder an. Nummeriere sie in der richtigen Reihenfolge.

b) Schreibe jeweils einen passenden Satz unter das Bild.

Einbruch im Handyladen

Blatt 2

2 Wie geht die Geschichte weiter? Schreibe sie in fünf Sätzen zu Ende.

3 Zuletzt darf sich Linus etwas wünschen. Was wählt er?

Was hättest du dir gewünscht?

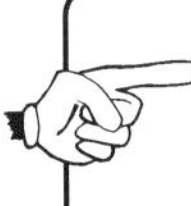

Daran arbeite ich heute

Ich kann eine Geschichte mithilfe von Bildern in die richtige Reihenfolge bringen und sie mit eigenen Worten nacherzählen.